KB042249

지금이 부자될 기회다

인공지능(AI) 트렌드의 재정 및 디지털금융

김 종 권

박영사

머리말

2008년부터 2009년 미국의 금융위기가 진행되었을 때 재정정책과 금융정책을 동시에 실시하여 미국의 경우 빠른 시일 안에 이러한 위기 국면을 탈출할 수 있었다. 2019년 이후 세계 경제는 보호무역주의 색채가 있는 가운데 다시 저금리 기조로 갈 가능성도 커지고 있다.

그리고 2020년 이후 세계 경제가 경제 불황국면으로 진행이 될지 시장에서 우려하는 전문가들이 늘어나고 있는 것도 현실이다. 일부의 전문가들은 2019년 하반기 이미 세계 경제가 불황국면을 겪고 있는 것은 아닌지 판단하는 사람들도 있다.

이는 기업들의 실적 발표와 세계 무역, 각국들의 거시경제지표에서 확인이 가능할 것이다. 이에 따라 안전자산 선호 현상이 나타나 부동산과 금 등과 관련된 실물자산에 대한 관심이 증대되고 있다. 증권부문에서도 주식보다는 채권 쪽에 대한 관심이 증대되고 있는 것도 같은 맥락으로 판단되고 있다.

본 책에서는 직접적으로 경기 불황기에 재테크에 유망하였던 것을 알아본 것보다는 4차 산업혁명의 인공지능(AI) 트렌드에서 디지털금융과 같은 새로운 상품들이 각광을 받고 있고 향후에도 유망하기에 이와 같은 추세까지 함께 살펴보았다.

3차 산업혁명(3rd industrial revolution)과 4차 산업혁명(4th industrial revolution) 트렌드(trend)를 거치면서 공통점이 ICT를 기반으로 하는 정보통신기술과 직접적인 관련성이 있는 분야에서 세계 1위의 부자가 탄생하고 있다. 따라서 불황기라고 하여 모두 절망적이고 보수적인 기준을 세우기보다는 향후 유망한 분야가 어디인지 그리고 현재의 부(富)의 트렌드는 무엇인지 잘 살펴보아야 한다는 것이다.

이를 위해서는 세계 각국에서 진행되고 있는 재정정책과 금융정책을 알아야 향후 세계 경제와 금융의 전개방향을 알 수 있어서 이와 같은 각도에서 독자들이 판단하실 수 있도록 저술하였다.

따라서 제1편 인공지능(AI)시대의 재테크 흐름과 조세 정책의 경우 chapter 01 인공지능(AI)시대의 재테크 흐름과 세율에서는 제1절 인공지능(AI)시대의 재테크 흐름 : 기업과 개인으로 나누었고, 제2절에서는 국가들 간에 있어서 세율 구조를 다루었다. chapter 02에서는 투자 유망 상품과 개개인의 소비세적인 측면에서 제1절 미국경제와 투자 유망 상품 구조와 제2절 개개인의 소비와 세제적인 측면으로 소개하였다.

제2편에서는 인공지능과 공유경제, 부동산과 안전자산 투자 중에서 chapter 03 인공지능과 공유경제 및 세제에서 제1절 인공지능과 공유경제의 공정성 체계와 세제의 공평성과 제2절 세제와 투자 효과를 알아보았다. chapter 04 국가 간의 무역관련 분쟁과 부동산 및 안전자산 선호에서는 제1절 부동산 및 안전자산에 대한 투자와 경기 및 세제 및 제2절 국가 간의 무역관련 분쟁과 주가에 대한 영향을 분석하였다.

제3편 핀테크 산업으로써 디지털 금융과 블록체인에서는 chapter 05 금융의 선진화와 디지털금융 중에서 제1절 경제성장률과 금융의 선진화와 제2절 디지털금융과 블록체인을 다루었다. chapter 06 핀테크 산업으로서 디지털 금융의 유용성 중에서는 제1절 디지털금융과 규모의 경제 및 제2절 핀테크 산업으로서 디지털 금융의 장점과 발전 양상으로 나누어 살펴보았다.

제4편 핀테크와 부동산의 블록체인 기술 연계 및 토큰화의 발전에서는 chapter 07 디지털금융과 부동산 수요, 미세 먼지 대책 등의 세제에서 제1절 인공지능(AI)과 디지털금융 및 제2절 부동산 수요와 미세 먼지 대책을 비롯한 건강 관련 세제로 나누어 분석하여 보았다. chapter 08 핀테크와 부동산 토큰화의 전개 과정 중에서는 제1절 디지털금융시대에 지적재산권과 기술, 규모에 의한 경제 및 제2절 핀테크와 부동산 토큰화의 전개로 알아보았다.

제5편 인공지능(AI) 트렌드의 재정·디지털금융 : 부자(富者)의 기회에서는 chapter 09 인공지능(AI) 트렌드의 디지털금융과 부동산STO시장에서 제1절 증강현실의 디지털은행 시스템과 부동산STO시장 및 제2절 인공지능(AI) 트렌드의 재정·디지털금융 : 부자(富者)의 기회로 살펴보았다.

본 저서가 발간되도록 세심한 노력을 깃들여 주신 안종만 회장님, 안상준 대표님께 진심어린 감사의 말씀을 정중히 드린다. 늘 칭찬과 격려를 아낌없이 해 주시고 자상하신 배려를 하여 주시는 손준호 과장님께 다함이 없는 감사말씀도 올려 드린다.

본 저서는 공무원을 준비하시는 수험생을 비롯하여 금융에 관심을 가지고 계시는 투자자 분들까지도 실제적인 데이터를 통하여 확인해 보시고 제도적으로 변화하고 있는 세제를 비롯하여 각종 국내외 경제 및 금융정책에 대하여 도움을 드릴 수 있도록 작성을 하였다. 이에 따라 재정 및 금융과 관련된 자격증 등을 준비하시는 분들까지 참고하실

만한 내용들로 구성하였다.

그리고 기업체에서 실무를 담당하시고 계신 분들과 유관 분야에서 근무하고 계시는 공무원 분들께도 도움이 되실 수 있는 내용들과 그래프, 간단한 통계분석도 곁들여 작성하였다. 무엇보다도 늘 신한대학교에서 열성을 가지고 공부를 하시고 계시는 학생 분들과 구성원의 모든 분들께도 감사의 말씀을 올려 드린다.

모든 가족 분들께도 다함이 없는 감사의 말씀을 올려 드린다. 그리고 하나님께 늘 동행하심과 풍족하신 은혜를 깨달아 알게 해 주심을 언제든지 항상 감사드린다. 본 저서에 의하여 인공지능(AI)시대의 재테크 흐름과 재정 및 디지털금융과 관련하여 저와 함께 공부해 주시는 존귀하신 여러분들께 거듭하여 감사의 말씀을 올려 드린다.

2019년 10월
김종권

Contents

PART 01

인공지능(AI)시대의 재테크 흐름과 조세 정책

Chapter 01 인공지능(AI)시대의 재테크 흐름과 세율   **9**

제1절 인공지능(AI)시대의 재테크 흐름 : 기업과 개인   9

제2절 국가들 간에 있어서 세율 구조   24

• 연습문제 1   38

Chapter 02 투자 유망 상품과 개개인의 소비세적인 측면   **45**

제1절 미국경제와 투자 유망 상품 구조   45

제2절 개개인의 소비와 세제적인 측면   51

• 연습문제 2   57

PART 02

인공지능과 공유경제, 부동산과 안전자산 투자

Chapter 03 인공지능과 공유경제 및 세제   **63**

제1절 인공지능과 공유경제의 공정성 체계와 세제의 공평성   63

제2절 세제와 투자 효과   80

• 연습문제 3   94

Chapter 04 국가 간의 무역관련 분쟁과 부동산 및 안전자산 선호   **97**

제1절 부동산 및 안전자산에 대한 투자와 경기 및 세제   97

제2절 국가 간의 무역관련 분쟁과 주가에 대한 영향   107

• 연습문제 4   121

PART 03

핀테크 산업으로서 디지털 금융과 블록체인

Chapter 05 금융의 선진화와 디지털금융   **131**

제1절 경제성장률과 금융의 선진화   131

제2절 디지털금융과 블록체인   140

• 연습문제 5   150

Chapter 06 **핀테크 산업으로서 디지털 금융의 유용성**   **155**

제1절 디지털금융과 규모의 경제   155

제2절 핀테크 산업으로서 디지털 금융의 장점과 발전 양상   169

• 연습문제 6   178

PART 04

핀테크와 부동산의 블록체인 기술 연계 및 토큰화의 발전

Chapter 07 **디지털금융과 부동산 수요, 미세 먼지 대책 등의 세제**   **187**

제1절 인공지능(AI)과 디지털금융   187

제2절 부동산 수요와 미세 먼지 대책을 비롯한 건강 관련 세제   195

• 연습문제 7   200

Chapter 08 **핀테크와 부동산 토큰화의 전개 과정**   **205**

제1절 디지털금융 시대에 지적재산권과 기술, 규모에 의한 경제   205

제2절 핀테크와 부동산 토큰화의 전개   209

• 연습문제 8   215

PART 05

인공지능(AI) 트렌드의 재정 · 디지털금융 : 부자(富者)의 기회

Chapter 09 **인공지능(AI) 트렌드의 디지털금융과 부동산STO시장**   **221**

제1절 증강현실의 디지털은행시스템과 부동산STO시장   221

제2절 인공지능(AI) 트렌드의 재정 · 디지털금융 : 부자(富者)의 기회   223

참고문헌   227

찾아보기   228

01

PART

인공지능(AI)시대의
재테크 흐름과 조세 정책

인공지능(AI)시대의
재테크 흐름과 세율

제1절 인공지능(AI)시대의 재테크 흐름 : 기업과 개인

인공지능과 관련된 시장은 어디까지이며, 어디까지 성장할 수 있을까? 구글과 아마존 등으로 대표되는 회사들은 클라우드 컴퓨팅(cloud computing)시장에서 상대적으로 세상에서 가장 앞서 나가고 있다. 이에 따라 향후 국가의 부의 향방도 다른 방향으로 전개될 것이다.

이는 1차 산업혁명을 거쳐 4차 산업혁명시대로 전개되면서 산업적인 트렌드도 바뀌어 나가고 있는 것이다. 구글의 경쟁력은 어디에서 오는가? 구글 맵으로 표현되는 것과 구글의 인공위성을 통한 사업과 소매(retail)시장에서 강자가 되면서 진행되고 있는 아마존의 클라우드 컴퓨팅의 최강의 자리매김은 인공지능 시장이 어떻게 진행될지 방향성조차도 알기 어려운 시대로 접어들고 있는 것이다.

이와 같은 산업구조의 변혁 속에서 재테크와 관련된 흐름에는 어떠한 방향성과 연계성을 가질 수 있을 것인가? 하나의 공통점은 결국 사람들이 많이 모이는 곳과 사람들에게 제공해 주는 편리성, 즉 사람들이 주인공이라는 것이다.

끊임없는 많은 상상력을 가지고 있지만 결국에는 사람이 자산이고 사람을 통하여 국부가 형성되고 끊임없이 재생산될 것이라는 것이다. 재테크의 관점도 이와 같은 관점에서 지켜보고 전망을 하는 것이 옳다는 판단이다.

미국의 강점은 어디에서 올까? 미국의 막대한 금융자본의 힘과 군사적인 힘 등도 있겠지만 G20국가 중에서 유일하게 초고령 사회를 탈피하고 인구가 늘어나는 유일한 국가 여기에서 가장 큰 에너지와 힘이 제공되는 것으로 판단된다.

결국에는 수많은 사람들이 피부색도 다르면서 이끌어가는 다양성(variety)의 힘이 가장 큰 원천이 될 것으로 판단된다. 자유로운 시장과 기업 분위기가 형성되는 측면이 미국의 힘인 것으로 보인다.

또 한편으로는 엄청나고 치열한 경쟁(competition)이 이루어지면서 시스템(system)에 의하여 이끌어지는 사회와 국가시스템으로 연결되는 것이다. 재테크도 이와 같은 관점에서 재정과 금융시스템을 이해해 나가야 한다는 판단이다.

■ **그림 1-1** 주가지수에서 미국의 나스닥(NASDAQ)지수와 유로지역의 스톡스(Euro STOXX)지수의 추이

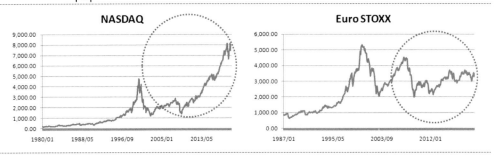

<그림 1-1>에는 주가지수에서 미국의 나스닥(NASDAQ)지수와 유로지역의 스톡스(Euro STOXX)지수의 추이가 나타나 기록되어 있다. 이 그래프의 데이터 기간은 미국의 나스닥(NASDAQ)지수가 1980년의 1월을 시작점으로 2019년의 6월까지이며, 유로지역의 스톡스(Euro STOXX)지수의 경우 1987년의 1월을 시작점으로 2019년의 6월까지이다.

그리고 미국의 나스닥(NASDAQ)지수의 단위는 1971.2.5 = 100이고, 유로지역의 스톡스(Euro STOXX)지수의 단위는 1989.12.29 = 1000이다. 이 데이터는 한국

은행에서 제공하는 홈페이지의 경제통계와 관련된 검색시스템에서 간편 검색이라는 사이트를 통하여 수집한 것이다.[1]

미국은 2008년도와 2009년도에 서브프라임 모기지라는 사태를 통하여 중요한 교훈을 얻었다. 부의 평등성과 관련된 것이다. 결국 재정정책(fiscal policy)과 금융정책(monetary policy)을 통하여 단기간에 걸쳐 사태를 정리하고 안정을 찾은 것이다.

블록체인(Blockchain)과 인공지능(Artificial Intelligence)으로 지칭되고 있는 4차 산업혁명(fourth industrial revolution) 시대에서 살아남고 강자가 되기 위해서는 국가 단위를 넘어서는 가상화폐(virtual currency) 시장이 이미 세계 유수의 기업들에 있어서 전개될 수도 있는 시험의 시대를 맞이하고 있는 것이다.

이와 관련된 막대한 정보(information)의 강자가 이와 같은 세계적인 강력한 힘을 발휘할 수 있는 것이다. 결국에는 부의 평등성과 관련한 국가 단위의 논쟁에서 다른 차원으로 전개될 수는 있지만 바로 지금의 현시대에서는 여전히 국가라는 단위는 매우 중요하고 다른 것으로 대체될 수 없는 것이고 그와 같은 역할을 너무나도 효율적으로 훌륭히 전개하고 있다.

이와 같은 측면은 결국 재정정책과 연계되면서 동시에 재정정책은 국가 단위의 세제(taxation)하고도 밀접한 상관성을 지니고 있다. 따라서 국가단위마다 다른 세제 정책도 존재할 수밖에 없기도 하다.

결국에는 세금의 징수 문제와 재정정책은 바로 직결되며 이는 투자와 관련하여서 부동산이든 금융시장이든 간에 있어서 자금흐름(cash flow)에 어떠한 방향이든 영향을 줄 수밖에 없는 것이다.

따라서 부동산이든 금융시장이든 위험과 이에 대한 보상으로 수익률을 소비자들은 잘 계산하여야 훌륭한 재테크가 되고 더 나아가서 개인들의 노후의 안락한 생활보장까지 이르는 것이다.

---

1) http://ecos.bok.or.kr/

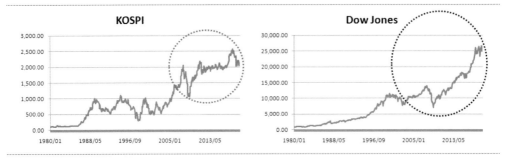

■ **그림 1-2** 주가지수에서 한국의 코스피(KOSPI)지수와 미국 다우존스(Dow Jones)지수의 추이

<그림 1-2>에는 주가지수에서 한국의 코스피(KOSPI)지수와 미국 다우존스 (Dow Jones)지수의 추이가 나타나 기록되어 있다. 이 그래프의 데이터 기간은 한국의 코스피(KOSPI)지수가 1980년의 1월을 시작점으로 2019년의 6월까지이며, 미국 다우존스(Dow Jones)지수의 경우에도 1980년의 1월을 시작점으로 2019년의 6월까지이다.

한국 코스피(KOSPI)지수의 단위는 1980.1.4＝100이고, 미국 다우존스(Dow Jones)지수의 단위는 1896.5.26＝40.96이다. 이 데이터는 한국은행에서 제공하는 홈페이지의 경제통계와 관련된 검색시스템에서 간편 검색이라는 사이트를 통하여 수집한 것이다.

이 그래프를 살펴보면, 한국의 코스피(KOSPI)지수와 미국 다우존스(Dow Jones)지수에서 2008년과 2009년의 미국의 서브프라임 모기지 사태 당시에 재정정책과 동시에 금융정책을 실시하여 미국의 금융위기 국면에서 단기간에 걸쳐서 탈피한 사례를 알 수 있다. 이를 통하여 세계 모든 국가들의 실물자산과 금융자산에 있어서 부정적인 국면이 떨쳐질 수 있었다.

일반적으로 주식은 금융자산에서 위험성이 비교적 높은 자산으로 알려져 있다. 이는 정기예금과 같은 경우 5천만 원까지 지급이 확실한 자산이지만, 주식은 원금 손실이 발생할 수 있기 때문이다.

한편 일본의 경우 평균적으로 87세까지 생존한다고 할 경우, 건강나이는 74세 또는 75세 정도로 보는 시각이 우세하다. 그러면 100세까지는 어떠할까? 대략적으로 2000~2020년대 정도에 출생한 사람은 일본의 경우 5~8% 사이의 평균까지 살아갈 것으로 전문가들이 예측하고 있다.

이와 같은 전체 생애에 걸쳐서 본인 자신의 포트폴리오(portfolio)를 구성해 나가야 하는 것이다. 대체적으로 한국의 경우 부동산에 대한 투자비중이 미국이나 일본보다 높다고 한다.

하지만 다른 측면에서 과거에 국한하여 판단해 볼 때 부동산만큼 한국사회에서 상대적인 개념에서 안전하고 훌륭한 수익률을 남긴 다른 대체 자산(asset)이 무엇인지도 잘 생각해 보아야 한다. 그러면 앞으로도 이와 같은 흐름이 지속될까? 이는 외국의 사례들까지 살펴보면서 판단해 나가야 할 것이다.

재무적인 현금흐름은 결국 대차대조표와 관련하여 판단하는 것이 중요하다. 여기에는 은행을 비롯하여 각종 기관 및 가계단위와 기업단위 등 모든 요소들에 있어서 중요하다. 요즈음 어디에 현금흐름이 집중되고 있는지에 대한 면밀한 파악이 매우 중요하다.

■ **그림 1-3** 주가지수에서 중국의 상하이의 종합지수(SHCOMP)와 홍콩의 항셍(hang-seng)지수 추이

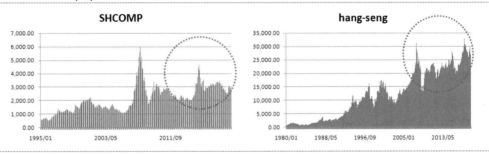

<그림 1-3>에는 주가지수에서 중국의 상하이의 종합지수(SHCOMP)와 홍콩의 항셍(hang-seng)지수 추이가 나타나 기록되어 있다. 이 그래프의 데이터 기간은 중국의 상하이의 종합지수(SHCOMP)가 1995년의 1월을 시작점으로 2019년의 6월까지이며, 홍콩의 항셍(hang-seng)지수의 경우에는 1980년의 1월을 시작점으로 2019년의 6월까지이다.

중국의 상하이의 종합지수(SHCOMP)의 단위는 1990.12.19＝100이고, 홍콩의 항셍(hang-seng)지수의 단위는 1964.7.31＝100이다. 이 데이터는 한국은행에서

제공하는 홈페이지의 경제통계와 관련된 검색시스템에서 간편 검색이라는 사이트를 통하여 수집한 것이다.

2019년 6월 초까지의 대내외적인 경제상황을 살펴보면, 2019년 5월에 미국과 중국의 무역과 관련된 분쟁에다가 한국 주된 수출 경쟁력을 갖고 있고 전체 수출액에서도 비중이 있는 반도체(semiconductor)의 침체 가능성이 우려되면서 한국 증시의 변동성(volatility)이 증대되었다. 이에 따라 한국에 있어서 금융 분야에 있어서는 인버스(inverse)의 상장지수펀드라고 불리는 ETF(exchange traded funds)가 이익을 창출하는 형태를 보이기도 하였다.

한편 향후 미국을 중심으로 감세의 효과가 얼마나 지속될 수 있을지 전문가들은 주시하고 있다. 미국의 감세 효과가 미국 내에서 부유층에 국한된 것인지 또는 저소득층에게까지 파급효과가 있는지와 관련하여서 미국의 전문가들은 분석하고 있기도 하다.

이와 같은 재정학적인 영역 이외에 경제 상황을 살펴보면 미국의 이와 같은 감세정책(tax reduction policy)이 긍정적인 영향을 주었음은 주지의 사실이다. 미국의 경우 감세의 효과로는 결국 기업들의 투자의욕을 부추기고 이는 고용의 창출로 이어져서 경기의 선순환구조로 이어졌다고 일부의 전문가들은 보고 있다.

물론 미국의 경우 물가안정도 동시에 이루어져서 전통적인 경제학에서의 필립스곡선과 같은 경제체제가 아니라 미국의 경우 물가안정과 낮은 실업률을 이루어내고 있는 것이 2019년 하반기까지의 특징이다.

3차 및 4차 산업혁명시대에 세계 1위의 부자는 미국의 마이크로 소프트와 아마존으로 대표되는 기업에서 나왔다. 기업부문은 이와 같이 진행되고 있으며, 가계부분에 있어서는 부동산과 주식 등과 같은 부분에서 집중되었던 것이 국내외적인 현실이다. 이는 곧 이와 같은 부문에 있어서 현금흐름이 진행되고 있다는 측면이 반영되고 있는 것이다.

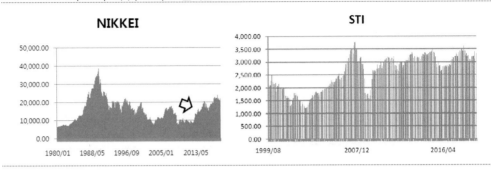

■ **그림 1-4** 주가지수에서 일본의 니케이지수(NIKKEI)와 싱가포르 스트레이츠(straits) 타임스 (times) 지수(index)로 불리는 STI지수의 추이

<그림 1-4>에는 주가지수에서 일본의 니케이지수(NIKKEI)와 싱가포르 스트레이츠(straits) 타임스(times) 지수(index)로 불리는 STI지수의 추이가 나타나 기록되어 있다. 이 그래프의 데이터 기간은 일본의 니케이지수(NIKKEI)가 1980년의 1월을 시작점으로 2019년의 6월까지이며, 싱가포르 스트레이츠(straits) 타임스(times) 지수(index)의 경우에는 1999년의 8월을 시작점으로 2019년의 6월까지이다.

일본의 니케이지수(NIKKEI)의 단위는 1949.5.16=176.21이고, 싱가포르 스트레이츠(straits) 타임스(times) 지수(index)의 단위는 1998.8.28=885.26이다. 이 데이터는 한국은행에서 제공하는 홈페이지의 경제통계와 관련된 검색시스템에서 간편 검색이라는 사이트를 통하여 수집한 것이다.

이 두 데이터를 기준으로 살펴볼 경우에도 미국의 금융위기가 아시아지역 일본과 싱가포르에도 2008년과 2009년도에 들어 부정적인 영향을 주었을 수 있음에 대하여 전문가들은 지적하고 있다. 미국의 이 당시 경기저점은 2009년 1월이었다.

2000년 초에만 해도 일본의 엔화로 투자하는 안전자산의 선호(preference) 현상이 2019년 하반기 정도까지는 이르지 않았다고 하는데, 미국과 중국의 무역분쟁에 따른 안전자산의 선호 현상이 엔화에 영향을 주어 엔고의 현상이 초래되기도 하고 있다. 물론 2000년 초부터 일본의 저금리 기조에 따른 엔-캐리 트레이드 현상은 본격적으로 이루어지기도 하였다. 이와 같은 한국을 중심으로 하는 자금의 흐름은 금융자산의 국제적인 이동과 투자에 대하여 분석할 경우 잘 살펴보아야 한다고 전문가들은 주시하고 있는 것이다.

이와 같은 국제적인 금융의 흐름(flow) 이외에 세제 체제도 향후 국제적인 자금의 이동 방향에도 어느 정도 영향을 줄 수 있다고 전문가들은 지적하고 있다. 이는 결국 소득과 연계된 것이고 세금의 경우 앞에서도 언급한 바와 같이 기업이든 개인이든 간에 부의 흐름에 영향을 줄 수밖에 없다는 것이다.

미국의 경우 공화당정부의 경우에 있어서는 기업에 대한 법인세 부분이 민주당정부와 다르고, 개인들에 대한 부유세와 관련하여서도 국가들에 따라 세금납부 및 세금징수와 관련하여 판단하는 가치(value)가 다를 수 있다.

2019년 하반기 들어 일본의 유력한 인공지능과 관련된 회사의 대표는 일본에 있어서 인공지능과 관련하여 일본이 보다 적극적으로 인공지능과 관련하여 투자하여야 한다고 지적하고 있다. 이는 각국의 부의 원천이 4차 산업혁명에서 일어나고 있음을 기업단위에서 잘 지적하고 있는 측면이 반영되고 있는 결과이다.

▬ **그림 1-5** 주가지수에서 독일 닥스지수(DAX)와 한국 조세총액(증감액 기준)의 추이

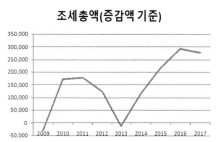

<그림 1-5>에는 주가지수에서 독일 닥스지수(DAX)와 한국 조세총액(증감액 기준)의 추이가 나타나 기록되어 있다. 이 그래프의 데이터 기간은 독일 닥스지수(DAX)가 1980년의 1월을 시작점으로 2019년의 6월까지이며, 한국 조세총액(증감액 기준)의 경우에는 2009년부터 2017년까지 연간자료이다.

주가지수에서 독일 닥스지수(DAX)의 단위는 1987.12.31＝1000이고, 한국 조세총액(증감액 기준)의 단위는 억 원이다. 이 데이터는 한국은행에서 제공하는 홈페이지의 경제통계와 관련된 검색시스템에서 간편 검색이라는 사이트를 통하여

수집한 것이다.

독일의 경제도 미국과의 경제적인 동조화 현상에 따라 2008년과 2009년에는 주가에 부정적인 영향을 받았음을 알 수 있다. 2019년 하반기의 대내외 경제는 미국과 중국의 무역분쟁과 환율조작국 지정과 관련된 이슈, 한국과 일본의 화이트 리스트라는 이슈 등 경제에 불확실성의 요인들이 조성되어 있다.

한국 조세총액(증감액 기준)이 2017년에는 약간 주춤한 것으로 나타났지만, 비교적 안정적인 흐름으로 징수가 잘 되는 것으로 나타나 있다. 이와 같은 흐름이 지속되기 위해서는 대내외 경제적인 안정이 중요하다고 전문가들은 보고 있다.

또한 일부의 시장 전문가들은 독일의 경우에서와 같이 세금 징수에서도 기업 차원의 상속세 부과에서 기업의 자유로운 경제활동을 염두에 두고 벤치마킹할 필요성이 있음을 판단하고 있기도 하다. 물론 여기에는 부의 형평성과 공정성 등이 해치지 않는 측면과 현행의 법과 제도적인 측면, 국민 정서상의 측면 등이 골고루 반영되어야 한다.

한편 2019년 7월 중순에 있어서 미국에 있어서 통화정책(monetary policy)과 관련된 주요 인물들이 금리에 대하여 인하에 대한 가능성을 언급하면서 중국을 비롯하여 한국 등 세계 증시에 긍정적인 영향을 나타냈다.

이와 같은 미국의 금리인하는 세계 경제에 있어서 실물시장인 부동산시장에도 영향을 줄 수 있으며, 이는 곧 증시를 중심으로 하는 기업측면과 개인들의 부에 있어서도 영향을 나타낼 수 있는 가장 큰 요인이기도 하다.

한국의 경우 연도별 최저임금과 관련하여 여러 가지 요인들이 반영되고 있다. 여기에 4차 산업혁명의 전문가들은 인건비와 관련하여서는 서비스 로봇인 지능형 로봇이 대안이 될 수 있다고 판단하고 있기도 하다.

예를 들어, 이와 같은 서비스 로봇 분야의 전문가들은 커피전문점에서 각종 업무 처리에 있어서 로봇이 투입되는 것이 기술적으로 반드시 어렵지만은 않다는 견해를 갖고 있기도 하다.

그러면 4차 산업혁명 시대에 이와 같은 기술들이 현장에 당장 적용되지 못하고 이유는 무엇일까? 이에 대하여 인공지능(AI)과 관련된 전문가들은 규제와 같은 시스템상의 이유를 들고 있다.

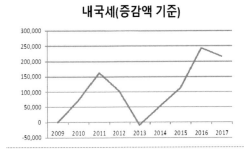

내국세(증감액 기준)

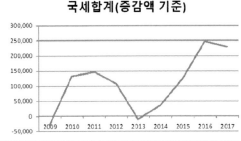

국세합계(증감액 기준)

<그림 1-6>에는 한국 내국세(증감액 기준)와 국세합계(증감액 기준)의 추이가 나타나 기록되어 있다. 이 그래프의 데이터 기간은 한국 내국세(증감액 기준)와 국세합계(증감액 기준)의 모두에서 2009년부터 2017년까지 연간자료이다.

한국 내국세(증감액 기준)와 국세합계(증감액 기준)의 단위는 억 원이다. 이 데이터는 한국은행에서 제공하는 홈페이지의 경제통계와 관련된 검색시스템에서 간편검색이라는 사이트를 통하여 수집한 것이다.

일부의 전문가들은 미국의 공화당 정부에서 다국적기업에 대한 조세의 부담에 대하여 경감시키고 해외에 있는 자회사의 배당에 대한 소득과세를 면제한 것, 법인세를 14% 인하한 것 등을 참조하여야 한다고 주장하고 있다. 이와 같은 일부 전문가들의 시각은 시장경제와 관련된 활성화에 대하여 초점을 두고 주장하고 있는 배경이다.

한편 4차 산업혁명 시대에 적합한 숙련된 기술자와 노동자들이 존재하지 않는다면 이들에게 닥쳐오는 단순한 일자리 상실의 시대에 대한 극복은 교육 및 노동훈련을 비롯한 각종 노력에 있어서 국가의 개입이 필요할 수 있고 이 영역이 재정학적인 측면이 고려되어야 하는 예산과 세금과 관련된 구조로 이어질 수 있다.

재정학적인 요소들을 고려할 때 세금의 징수에 있어서 세율을 높이는 것이 바람직한 것인지 아니면 기업 단위에서 법인세를 인하하는 것이 국가적인 측면에서 효율적인지는 국가마다 발전단계에 따라서 달라질 수 있다.

이는 기업들의 경쟁력이 상품가격의 경쟁력으로 연결되기 때문이다. 가령 국가단위에 있어서 세금이 비쌀 경우 기업의 공장이 다른 국가로 이동을 할 수 있고, 이는 일자리의 감소로 인하여 결국 세금징수의 부과대상이 줄어들어 반드시 바람직하고 의도된 결과와 부합되는 지는 경험을 통해서만 알 수 있는 영역이 될 수도 있기 때문이다.

　금융부문에 있어서 전문가들 중에 일부는 다른 국가들의 경우 장기적인 투자에 대하여 장려책으로 세제정책(taxation policy)을 운영 중에 있음을 주장하고 있기도 하다. 이에 반하여 금융세제와 관련된 전문가들은 입법부의 차원에서 마련되어진 해외와 관련된 펀드에 복수의 여럿의 자산에 대하여 손실을 빼고 남은 순이익에 과세는 공평과세의 측면과 세수 등 여러 가지 요인들이 반영된 결과로서 타당성을 지니고 있음을 긍정적으로 보고 있다.

■ **그림 1-7** 한국 소득세(증감액 기준)와 직접세(증감액 기준)의 추이

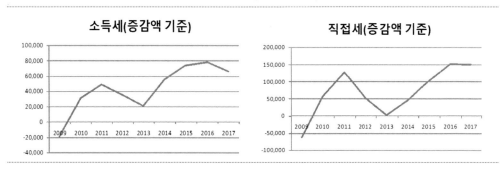

　<그림 1-7>에는 한국 소득세(증감액 기준)와 직접세(증감액 기준)의 추이가 나타나 기록되어 있다. 이 그래프의 데이터 기간은 한국 소득세(증감액 기준)와 직접세(증감액 기준)의 모두에서 2009년부터 2017년까지 연간자료이다.

　한국 소득세(증감액 기준)와 직접세(증감액 기준)의 단위는 억 원이다. 이 데이터는 한국은행에서 제공하는 홈페이지의 경제통계와 관련된 검색시스템에서 간편검색이라는 사이트를 통하여 수집한 것이다. 여기서 지적한 직접세와 달리 간접세의 경우 대표적으로는 개별적인 소비세와 부가가치세와 같은 세금 등이 여기에 포함된다.[2] 한편 인공지능(AI)과 관련된 전문가들은 수정된 자본주의에서 살고 있

---

2) Croix, D. L. and Michel, P.(2002), A Theory of Economic Growth, Cambridge : Cambridge University Press.

는 국민들에게 있어서 현재까지는 부의 평등 또는 부의 불평등이 중요한 요소라면, 향후 4차 산업혁명의 시대에 있어서 이와 같은 인공지능(AI)과 관련된 전문가들은 심지어 정보를 소유한 계층과 정보에서 소외된 계층이 분리되는 정보의 지배자와 정보의 피지배자로 나누어질 수도 있다고 보는 시각도 있다.

한편 한국의 금융시장(financial market)에는 싱가포르(Singapore)와 홍콩(Hong Kong)의 경우 금융상품에 대한 투자에서 이익 또는 배당에 대하여 세금이 없는 것으로 2019년 7월 하순까지 알려지고 있다.

이에 대하여 일부 금융시장의 전문가들은 이와 같은 점들은 한국에서 해외펀드에 대하여 판매를 하고 있는 외국계에 속하는 금융회사들이 지속적으로 한국에서 머물며 좋은 환경에서 영업을 하고 있는 지를 점검해 보아야 한다고 주장하는 상황이다.

한국의 경우에는 저금리 기조 속에서의 경제상황이 놓여 있어서 실물시장이 개인들의 경제적인 자산에 있어서 막대한 영향력을 지니고 있는 것도 사실이다. 이와 같은 부동산시장의 경우에 있어서는 제도적인 측면도 많은 영향을 주기도 하며 부동산의 지역 및 역세권을 포함한 위치 등이 중요한 역할을 하고 있다.

결국 자산은 자본과 부채의 합이 같아지는 측면이 있으며, 자산과 부채의 경우 특히 금리정책에 민감하게 반응할 수밖에 없는 것이다. 이와 같은 측면은 결국 미국의 금리인하가 한국의 저금리에 영향을 주고 한국의 2019년 하반기에 접어들어 대내외 경제의 불확실성이 있을 경우에 수출지향적인 국가에서는 취할 수 있는 정책이기도 하다.

일부의 전문가들의 사이에 있어서는 향후 한국의 금리수준이 너무 낮게 되면 한국에 들어와 있는 외국의 자본들이 지속적으로 남아 있을지 혹은 떠나게 될 지에 대하여 의견들을 제시하는 측면이 있기도 하다. 이는 결국 한국의 경우 미국과의 금리 차이가 좁아지거나 역전될 경우에 있어서 분석하는 견해와 관련된 것이다.

또한 국제간에 있어서 조세체계 및 국내적으로도 부가가치세가 국내 경제에 미치는 영향 등을 면밀히 분석해 나가야 한다. 재테크와 세테크라는 의미가 있듯이 투자를 통하여 벌어들이는 이익이 확실치 않을 경우에는 조세체계와 관련하여서도 잘 살펴보아야 하는 것이다.

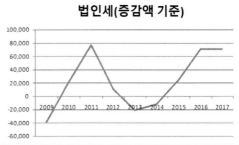

<그림 1-8>에는 한국 상속세(증감액 기준)와 법인세(증감액 기준)의 추이가 나타나 기록되어 있다. 이 그래프의 데이터 기간은 한국 상속세(증감액 기준)와 법인세(증감액 기준)의 모두에서 2009년부터 2017년까지 연간자료이다.

한국 상속세(증감액 기준)와 법인세(증감액 기준)의 단위는 억 원이다. 이 데이터는 한국은행에서 제공하는 홈페이지의 경제통계와 관련된 검색시스템에서 간편검색이라는 사이트를 통하여 수집한 것이다.

한국 상속세의 경우 세테크의 관점에서 일부 전문가들은 상속이 이루어진, 즉 상속을 받게 된 날짜의 말일을 기준으로 하여 이 날부터 6월(6개월) 이내에 처분할 경우 양도소득세가 없어짐을 판단하고 있다.

한편 일부 전문가들은 법인세의 경우 앞에서도 언급한 바와 같이 법인세의 최고세율이 인상될 경우 가구당의 기준으로 살펴볼 때 연평균의 개념에서 근로소득과 음(-)의 상관성이 있는지 살펴보아야 한다고 주장한다. 어쨌든 전문가들은 법인세의 경우 국가 전체의 틀 안에서 조세의 형평성과 공정성 등이 잘 고려되어야함을 지적한다.

2019년 하반기 들어 G7(영국, 미국, 프랑스, 이탈리아, 독일, 일본, 캐나다 등에 해당하는 서방의 7개에 해당하는 선진국(advanced countries))에 해당하는 국가들에 있어서 재무장관과 관련된 회의체에서는 이들 주요한 국가들에 있어서 소비지에 해당하는 국가에서의 과세권에 대하여 강화시키는 방향으로 의견을 모아 2020년에까지 국제적인 합의에 도출해 나가기로 하고 있다. 이와 같은 국제적인 조세체계와 흐름에 있어서 한국의 공조 내지는 협조 및 공유적인 차원에서의 협의가 이루어져

나가야 한다.

외국 대비 한국의 상황을 살펴보면, 한국의 시장에 대한 투자의 트렌드(trend)가 2019년 하반기 경우 실물자산에 대한 중심 투자와 사모에 해당하는 펀드에 대한 수익률 제고가 예상되고 있다.

앞에서도 지적한 바와 같이 미국과 한국의 금리인하 추세가 이어질 경우에 있어서는 실물자산에 대한 투자 매력도가 증가할 것으로 판단된다. 시장에 있는 전문가들에 따르면, 2019년 하반기 현재 시중에 유동성 자금들이 1,000조에서 1,200조 사이에서 흐르고 있다고 판단한다.

이 자금들의 경우 대출에 대한 규제(regulation)에 의하여 쉽게 움직이기는 어렵지만 수익과 관련된 부동산에 대하여 관심증대가 이루어질 수 있을지 전문가들은 주시하고 있다. 한편 전반적인 국내외의 경기상황에 대하여도 판단하여야 한다고 이들은 보고 있기도 하다.

■ **그림 1-9** 한국 부가가치세(증감액 기준)와 간접세(증감액 기준)의 추이

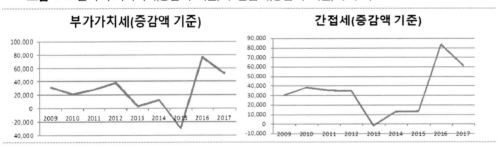

<그림 1-9>에는 한국 부가가치세(증감액 기준)와 간접세(증감액 기준)의 추이가 나타나 기록되어 있다. 이 그래프의 데이터 기간은 한국 부가가치세(증감액 기준)와 간접세(증감액 기준)의 모두에서 2009년부터 2017년까지 연간자료이다.

한국 부가가치세(증감액 기준)와 간접세(증감액 기준)의 단위는 억 원이다. 이 데이터는 한국은행에서 제공하는 홈페이지의 경제통계와 관련된 검색시스템에서 간편 검색이라는 사이트를 통하여 수집한 것이다.

2019년 하반기의 예를 들어 한국과 이웃하고 있는 일본의 경우 한국과 소득세 및 법인세가 유사한 체계를 갖고 있는 것으로 일부 전문가들은 판단하고 있다.

이들 일부 전문가들은 일본의 간접세에 해당하는 소비세의 경우 2019년 하반기 중에 2% 정도 인상될 수 있을 것으로 보고 있다.

한편 금리인하의 경우 미국의 연방 준비제도 이사회(Fed)의 정책결정과정을 살펴보아야 하는데, 이 기구에서는 2019년 하반기에 미국의 경기 상황은 고용과 각종 지표(indicators)들에 있어서 낙관하는 분위기이지만 미국을 제외한 세계 경기 상황에 대하여는 불확실성(uncertainty)을 표방하고 있기 때문이다.

사모에 해당하는 펀드의 경우 공모와 달리 적은 숫자의 투자자(investors)들에 의하여 모아놓은 자금(fund)으로 제약이 없는 운용상에 있어서 장점으로 투자(investment) 후 이익을 얻을 수 있는 것에 해당하는 것이다.

한편 해외 동향과 관련하여 한국과 일본 간의 이슈가 2019년 하반기 들어 제기되면서 은행권들의 경우 기업들의 수출규제에 따른 피해가 생길 때 자금을 지원해 주는 방안에 대하여 논의가 진행 중에 있다.

이와 같이 금융권은 실물경제와 무역 등 다양한 분야와 연계되어 국가적인 발전에 큰 역할을 담당해 내고 있다. 한편 한국과 일본의 수출과 관련된 이슈로 인하여 지역경제 차원에서 특히 일부 한국의 지역에 있어서 일본에 수출하는 품목에 해당하는 경우 일본에 대한 수출물량이 줄어들 수 있을지와 관련하여 전문가들은 주시하고 있다.

한편 금융권에서는 4차 산업혁명 특히 인공지능과 관련하여서도 연계되어 발전해 나갈 수 있는데, 아시아에서 인도와 중국, 동남아시아의 각 국가들이 사업에 따른 모형(model) 구축을 추진해 나가고 있다고 전문가들은 지적하고 있다.

■ **그림 1-10** 한국 주세(증감액 기준)와 특별소비세(증감액 기준)의 추이

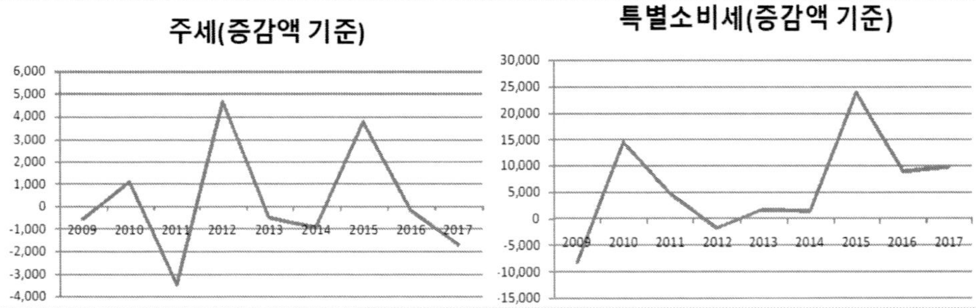

주세(증감액 기준)

특별소비세(증감액 기준)

<그림 1-10>에는 한국 주세(증감액 기준)와 특별소비세(증감액 기준)의 추이가 나타나 기록되어 있다. 이 그래프의 데이터 기간은 한국 주세(증감액 기준)와 특별소비세(증감액 기준)의 모두에서 2009년부터 2017년까지 연간자료이다.

한국 주세(증감액 기준)와 특별소비세(증감액 기준)의 단위는 억 원이다. 이 데이터는 한국은행에서 제공하는 홈페이지의 경제통계와 관련된 검색시스템에서 간편 검색이라는 사이트를 통하여 수집한 것이다.

한국 주세의 경우 2020년부터 맥주와 같은 품목에서 종량세의 세제로 전환이 이루어질 수 있을 지 2019년 하반기 들어 시장에서는 주시하고 있다. 여기서 종가세의 체계는 과세되는 대상물품의 경우 화폐적인 가치에 대하여 기준하고 부과하는 것이고, 종량세의 경우 출고되는 물량이 기준이 되어 세율이 결정되는 체계이다. 한국의 특별소비세법의 경우 2007년 12월 31일에 들어 개별소비세법에 의하여 개명되어 이어지고 있다.

제2절 국가들 간에 있어서 세율 구조

국가들 간에 있어서 법인세율과 소득세율에 있어서 차이점은 분명이 존재하고 있다. 이는 국가들 간에 있어서 각각의 국가에 해당하는 위험등급이 다르고, GDP 성장률과 금리 수준 등이 모두 다르기 때문이기도 하다.

■ 표 1-1 국가들 간에 있어서의 법인세율과 소득세율

	특성과 내용적 정리
국가들 간에 있어서의 법인세율과 소득세율	국가들 간에 있어서 법인세율과 소득세율에 있어서 차이점은 분명히 존재하고 있다. 이는 국가들 간에 있어서 각각의 국가에 해당하는 위험등급이 다르고, GDP성장률과 금리 수준 등이 모두 다르기 때문이기도 하다.

4차 산업혁명과 관련하여 새로운 형태의 경제체제가 탄생되기도 한다. 서버와 관련된 사업을 해 나가는 방식인 영국의 반도체관련 설계업체 등이 새로운 형태의 경제체제를 담아가고 있다. 또한 현재 전문가들이 성장 가능성이 높을 것으로 주목하고 있는 그랩(Grab)과 우버(Uber) 등의 차량공유업과 관련된 사업 등도 있다. 그랩은 동남아시아(east south asia) 최대의 업체이고 우버는 미국의 샌프란시스코를 중심으로 발전해 나간 사업 방식이다. 동남아시아의 경우 고젝이라는 차량에 대한 공유업체도 있다.

우버의 경우 스마트폰을 통한 앱에 의하여 일반적인 차량에 대하여 배정받고 이용할 수 있는 교통중개의 서비스(service) 체계를 의미하는데 이는 전통적인 택시(taxi)와는 다른 방식으로 발전 가능성에 대하여 전문가들은 주목하고 있는 것이다. 한국의 경우 카카오와 우버가 각각 택시회사와 택시 단체에 대하여 접촉하는 방식으로 사업이 진행되고 있다.

이와 같은 분야는 4차 산업혁명과 연계되어 발전되어 나가고 있으며, 이와 같은 4차 산업혁명 분야 중에서도 인공지능의 경우 여기에 투자하는 펀드에 마이크로소프트를 비롯하여 애플 등이 관심을 갖고 있다고 전문가들은 주목하고 있다. 그만큼 성장가능성이 높은 분야로 주목을 받고 있는 것이다.

이러한 인공지능(Artificial Intelligence)은 경제체제와도 공유(sharing)하면서 발전해 나가고 있는 것이다. 공유경제라는 개방적인 형태의 사업(business) 모형의 경우 재능(talent)과 경험 등을 통하여 여러 사람의 개인들이 협업의 관계를 통하여 타인에게 빌려주기도 하고 나누어 쓰기도 하는 온라인(on-line) 형태로 발전해 나가는 것을 의미한다.

■ 표 1-2 인공지능(Artificial Intelligence) 시대의 공유(sharing)의 개념

	특성과 내용적 정리
인공지능(Artificial Intelligence) 시대의 공유(sharing)의 개념	4차 산업혁명과 관련하여 새로운 형태의 경제체제가 탄생되기도 한다. 서버와 관련된 사업을 해 나가는 방식인 영국의 반도체관련 설계업체 등이 새로운 형태의 경제체제를 담아가고 있다. 또한 현재 전문가들이 성장 가능성이 높을 것으로 주목하고 있는 그랩(Grab)과 우버(Uber) 등의 차량공유업과 관련된 사업 등도 있다. 그랩은

동남아시아(east south asia) 최대의 업체이고 우버는 미국의 샌프
란시스코를 중심으로 발전해 나간 사업 방식이다. 동남아시아의 경
우 고젝이라는 차량에 대한 공유업체도 있다.

우버의 경우 스마트폰을 통한 앱에 의하여 일반적인 차량에 대하여
배정받고 이용할 수 있는 교통중개의 서비스(service) 체계를 의미
하는데 이는 전통적인 택시(taxi)와는 다른 방식으로 발전 가능성에
대하여 전문가들은 주목하고 있는 것이다. 한국의 경우 카카오와 우
버가 각각 택시회사와 택시 단체에 대하여 접촉하는 방식으로 사업
이 진행되고 있다.

이와 같은 분야는 4차 산업혁명과 연계되어 발전되어 나가고 있으
며, 이와 같은 4차 산업혁명 분야 중에서도 인공지능의 경우 여기
에 투자하는 펀드에 마이크로소프트를 비롯하여 애플 등이 관심을
갖고 있다고 전문가들은 주목하고 있다. 그만큼 성장가능성이 높은
분야로 주목을 받고 있는 것이다.

이러한 인공지능(Artificial Intelligence)은 경제체제와도 공유(sharing)
하면서 발전해 나가고 있는 것이다. 공유경제라는 개방적인 형태의
사업(business) 모형의 경우 재능(talent)과 경험 등을 통하여 여러
사람의 개인들이 협업의 관계를 통하여 타인에게 빌려주기도 하고
나누어 쓰기도 하는 온라인(on-line) 형태로 발전해 나가는 것을
의미한다.

■ **그림 1-11** 한국 인지세(증감액 기준)와 증권거래세(증감액 기준)의 추이

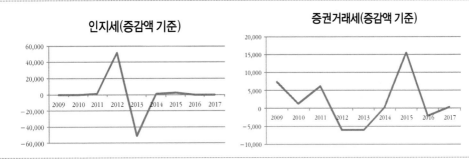

<그림 1-11>에는 한국 인지세(증감액 기준)와 증권거래세(증감액 기준)의 추
이가 나타나 기록되어 있다. 이 그래프의 데이터 기간은 한국 인지세(증감액 기준)
와 증권거래세(증감액 기준)의 모두에서 2009년부터 2017년까지 연간자료이다.

한국 인지세(증감액 기준)와 증권거래세(증감액 기준)의 단위는 억 원이다. 이 데이터는 한국은행에서 제공하는 홈페이지의 경제통계와 관련된 검색시스템에서 간편 검색이라는 사이트를 통하여 수집한 것이다.

인지세라는 것은 재산에 있어서 권리변동에 대하여 증명과 관련된 장부나 증서 등이 대상이 되며, 이에 대한 작성자로 하여금 부과하게 되는 세제 체계를 의미한다. 한국 증권거래세의 경우 2019년 하반기에 들어서도 폐지와 관련된 논의가 입법부에서도 진행되고 있기도 한 상황이다.

■ **표 1-3** 재정학과 공유경제

	특성과 내용적 정리
재정학과 공유경제	공유경제는 소유의 개념이 아닌 재화에 대하여 타인에게 빌려주기도 하고 나누어 쓰기도 하는 새로운 행태의 온라인 비즈니스 개념인 것이다. 이와 같은 과정을 통하여 개인들이 여기에 부가가치(value-added)를 더하고 국가적인 시스템을 통하여 볼 때 거시경제적(macro economic)인 측면에 있어서 합리적(rational)인 경제시스템을 구축해 나가려고 하는 것이다. 이와 같은 국가적인 시스템에서 공유경제가 갖는 개념 및 적용이 재정학적인 영역과 어떻게 같이 동반하여 성장해 나갈 수 있는지에 대하여 연구해 나가야 한다. 이는 국가적인 시스템 상에 있어서 모두 국민들의 삶에 있어서 '파레토 효율성'을 담아갈 수 있는지에 궁극적으로 닿아 있고 그렇게 진행되어 가고 있기 때문이다.

한편 앞서 언급한 공유경제는 소유의 개념이 아닌 재화에 대하여 타인에게 빌려주기도 하고 나누어 쓰기도 하는 새로운 행태의 온라인 비즈니스 개념인 것이다. 이와 같은 과정을 통하여 개인들이 여기에 부가가치(value-added)를 더하고 국가적인 시스템을 통하여 볼 때 거시경제적(macro economic)인 측면에 있어서 합리적(rational)인 경제시스템을 구축해 나가려고 하는 것이다.

이와 같은 국가적인 시스템에서 공유경제가 갖는 개념 및 적용이 재정학적인 영역과 어떻게 같이 동반하여 성장해 나갈 수 있는지에 대하여 연구해 나가야 한다. 이는 국가적인 시스템상 모두 국민들의 삶에 있어서 '파레토 효율성'을 담아갈 수 있는지에 궁극적으로 닿아 있고 그렇게 진행되어 가고 있기 때문이다.

한편으로는 이와 같은 4차 산업혁명이 진행되고 있는 가운데 2019년 하반기 들어 금값의 추세가 높은 수준을 보이고 있다. 이는 세계 경제의 불확실성과 한국에 대한 일본 측의 화이트리스트라는 무역보복의 흐름이 이와 같은 금(gold)에 대한 선호 현상을 부추기는 것으로 전문가들은 판단하고 있다.

전체적으로 한국의 경우에는 가장 많은 자금은 전통적으로 부동산에 투자하고 서울 지역의 아파트와 서울지역 내에서도 특정 지역의 부동산이 가격흐름이 주도하고 있다. 이는 주로 한강변을 중심축으로 하는 인기 지역과 역세권, 교통의 흐름과 인구의 이동, 재개발과 재건축, 뉴타운 건설, 도시의 리뉴얼과 재구축 등 및 4차 산업혁명의 스마트 시티(smart city) 등도 전문가들은 주요 변수로 보고 있다.

≡ **표 1-4 투자 : 부동산(아파트)과 금(Gold)**

	특성과 내용적 정리
투자 : 부동산(아파트)과 금(Gold)	4차 산업혁명이 진행되고 있는 가운데 2019년 하반기 들어 금값의 추세가 높은 수준을 보이고 있다. 이는 세계 경제의 불확실성과 한국에 대한 일본 측의 화이트리스트라는 무역보복의 흐름이 이와 같은 금(gold)에 대한 선호 현상을 부추기는 것으로 전문가들은 판단하고 있다. 전체적으로 한국의 경우에는 가장 많은 자금은 전통적으로 부동산에 투자하고 서울 지역의 아파트와 서울지역 내에서도 특정 지역의 부동산이 가격흐름이 주도 하고 있다. 이는 주로 한강변을 중심축으로 하는 인기 지역과 역세권, 교통의 흐름과 인구의 이동, 재개발과 재건축, 뉴타운 건설, 도시의 리뉴얼과 재구축 등 및 4차 산업혁명의 스마트 시티(smart city) 등도 전문가들은 주요 변수로 보고 있다. 규제와 제도적인 영향이 부동산 시장에 심리를 포함하여 막대한 영향을 주기도 한다. 이와 같은 실물시장은 2019년 하반기 들어 미국과 한국의 금리 인하 움직임이 있어서 주의를 기울이고 있다고 전문가들은 판단하고 있다.

물론 규제와 제도적인 영향이 부동산 시장에 심리를 포함하여 막대한 영향을

주기도 한다. 이와 같은 실물시장은 2019년 하반기 들어 미국과 한국의 금리 인하 움직임이 있어서 주의를 기울이고 있다고 전문가들은 판단하고 있다.

■ **그림 1-12** 한국 교통세(증감액 기준)와 과년도수입(증감액 기준)의 추이

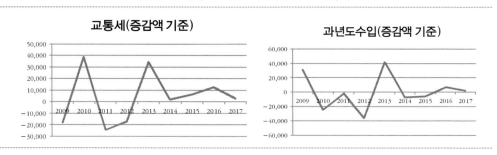

<그림 1-12>에는 한국 교통세(증감액 기준)와 과년도수입(증감액 기준)의 추이가 나타나 기록되어 있다. 이 그래프의 데이터 기간은 한국 교통세(증감액 기준)와 과년도수입(증감액 기준)의 모두에서 2009년부터 2017년까지 연간자료이다.

한국 교통세(증감액 기준)와 과년도수입(증감액 기준) 추이의 단위는 억 원이다. 이 데이터는 한국은행에서 제공하는 홈페이지의 경제통계와 관련된 검색시스템에서 간편 검색이라는 사이트를 통하여 수집한 것이다. 한국 교통세(증감액 기준)와 과년도수입(증감액 기준)의 추이를 살펴보면, 2017년 정도까지에서 수치상으로 높지는 않은 위치를 나타내고 있는 것을 알 수 있다.

■ **표 1-5** 세계적인 불확실성과 안전자산에 대한 선호 현상, 정보의 비대칭성

	특성과 내용적 정리
세계적인 불확실성과 안전자산에 대한 선호 현상, 정보의 비대칭성	세계적인 불확실성으로 안전자산에 대한 선호 현상이 영향을 주기도 한다고 이들 전문가들은 보고 있다. 이와 같이 위험한 자산에 대한 투자보다는 금을 비롯한 부동산 등 실물자산의 움직임에 대하여 전문가들은 주시하고 있다.
	시장전문가들은 2019년 하반기 들어 중국이 미국에서 수입하는 농산물에 대하여 수입을 금지하는 조치를 단행할 수 있음을 주시하고 있다. 이는 미국과 중국의 무역분쟁 그리고 미국의 중국에 대한 관

세정책에 대한 흐름에 있어서 주시하고 있는 측면이다.

한편 미국을 비롯한 주요 국가들은 2020년 이후 미국의 경기변동 (business cycle)이 현재의 국면에서 변화가 있을지 시장 전문가들은 주시하고 있다. 그리고 이와 같은 미국의 무역부문이 중국과의 불협화음이 2019년 하반기 이후에도 지속될 지 그리고 한국과 일본의 무역관련 이슈가 2019년 하반기 이후에 이어질 지와 관련하여 한국의 정보통신기술업체들은 주시하고 있다.

이는 현재와 같은 세계 경기의 불확실성이 있는 가운데 2020년 이후의 미국 경기가 2019년 하반기 현재와 같은 좋은 흐름을 지속할지가 한국의 기업들의 수익에 영향을 줄 수밖에 없기 때문이다.

앞에서도 4차 산업혁명 속에 인공지능과 공유경제 체제 등 여러 가지 변화 양상에 대하여도 언급하였지만, 4차 산업혁명의 진행 속도가 빨라질수록 단순한 일자리가 사라질 수 있다고 전문가들은 내다보고 있기도 하다.

대내외 경제 상황들을 고려할 때, 한국 정부는 사회적인 불평등도의 완화와 혁신적인 기술 발전을 잘 주도해 나가고 있다. 이와 같은 사회적인 불평등도의 완화는 재정학적인 영역으로 4차 산업혁명의 시대를 고려할 때 정부는 정보의 비대칭성(information asymmetric)에서 오는 불합리와 이를 통한 독과점의 치유를 위해 잘 노력하고 있는 것이다.

한편 세계적인 불확실성으로 안전자산에 대한 선호 현상이 영향을 주기도 한다고 이들 전문가들은 보고 있다. 이와 같이 위험한 자산에 대한 투자보다는 금을 비롯한 부동산 등 실물자산의 움직임에 대하여 전문가들은 주시하고 있다.

시장전문가들은 2019년 하반기 들어 중국이 미국에서 수입하는 농산물에 대하여 수입을 금지하는 조치를 단행할 수 있음을 주시하고 있다. 이는 미국과 중국의 무역분쟁 그리고 미국의 중국에 대한 관세정책에 대한 흐름에 있어서 주시하고 있는 측면이다.

한편 미국을 비롯한 주요 국가들은 2020년 이후 미국의 경기변동(business cycle)이 현재의 국면에서 변화가 있을지 시장 전문가들은 주시하고 있다. 그리고 이와 같은 미국의 무역부문이 중국과의 불협화음이 2019년 하반기 이후에도 지속될지 그리고 한국과 일본의 무역관련 이슈가 2019년 하반기 이후에 이어질지와 관련하여 한국의 정보통신기술업체 들은 주시하고 있다.

이는 현재와 같은 세계 경기의 불확실성이 있는 가운데 2020년 이후의 미국 경기가 2019년 하반기 현재와 같은 좋은 흐름을 지속할지가 한국의 기업들의 수익에 영향을 줄 수밖에 없기 때문이다.

앞에서도 4차 산업혁명 속에 인공지능과 공유경제 체제 등 여러 가지 변화 양상에 대하여도 언급하였지만, 4차 산업혁명의 진행 속도가 빨라질수록 단순한 일자리가 사라질 수 있다고 전문가들은 내다보고 있기도 하다.

대내외 경제 상황들을 고려할 때, 한국 정부는 사회적인 불평등도의 완화와 혁신적인 기술 발전을 잘 주도해 나가고 있다. 이와 같은 사회적인 불평등도의 완화는 재정학적인 영역으로 4차 산업혁명의 시대를 고려할 때 정부는 정보의 비대칭성(information asymmetric)에서 오는 불합리와 이를 통한 독과점의 치유를 위해 잘 노력하고 있는 것이다.

■ **그림 1-13** 한국 방위세(증감액 기준)와 관세(증감액 기준)의 추이

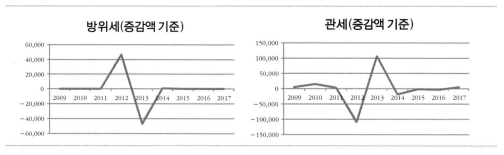

<그림 1-13>에는 한국 방위세(증감액 기준)와 관세(증감액 기준)의 추이가 나타나 기록되어 있다. 이 그래프의 데이터 기간은 한국 방위세(증감액 기준)와 관세(증감액 기준)의 모두에서 2009년부터 2017년까지 연간자료이다.

한국 방위세(증감액 기준)와 관세(증감액 기준) 추이의 단위는 억 원이다. 이 데이터는 한국은행에서 제공하는 홈페이지의 경제통계와 관련된 검색시스템에서 간편 검색이라는 사이트를 통하여 수집한 것이다.

2019년 하반기에 한국의 국세부문의 수입에 관하여 전문가들은 2018년과 유사

한 정도로 예상하고 있다. 한편 미국과 중국의 관세와 관련된 분쟁에 있어서는 미국의 중국에 대한 환율조작국의 이슈 제기로 중국이 희토류와 관련된 무역에 있어서 이슈를 제기하는 상황으로 가는 등 반복적인 무역관련 이슈들이 2019년 하반기 들어 이어지고 있다. 결국 이는 보호무역주의에 가까운 상황들이 이어지고 있는 것이어서 세계 무역에는 긍정적인 요인은 아닌 것으로 전문가들은 보고 있다.

한편 정보의 비대칭성은 도덕적인(moral) 해이(hazard)와 역(adverse)의 선택 문제(selection problem)를 가져오고, 결국 4차 산업혁명 시대에 정보가 앞서가는 기업의 경우 독과점으로 갈 수 있어서 결국 공정거래 질서를 위해 정부가 적절히 잘 대응해 나가고 있는 것이다. 이는 국민들의 복리 증진을 위해 재정학에서 주로 연구하고 있는 측면이기도 하다.

■ 표 1-6 4차 산업혁명 시대에 정보 및 재정학의 역할 : 국민들의 복리 증진

	특성과 내용적 정리
4차 산업혁명 시대에 정보 및 재정학의 역할 : 국민들의 복리 증진	2019년 하반기에 한국의 국세부문의 수입에 관하여 전문가들은 2018년과 유사한 정도로 예상하고 있다. 한편 미국과 중국의 관세와 관련된 분쟁에 있어서는 미국의 중국에 대한 환율조작국의 이슈 제기로 중국이 희토류와 관련된 무역에 있어서 이슈를 제기하는 상황으로 가는 등 반복적인 무역관련 이슈들이 2019년 하반기 들어 이어지고 있다. 결국 이는 보호무역주의에 가까운 상황들이 이어지고 있는 것이어서 세계 무역에는 긍정적인 요인은 아닌 것으로 전문가들은 보고 있다. 한편 정보의 비대칭성은 도덕적인(moral) 해이(hazard)와 역(adverse)의 선택 문제(selection problem)를 가져오고, 결국 4차 산업혁명 시대에 정보가 앞서가는 기업의 경우 독과점으로 갈 수 있어서 결국 공정거래 질서를 위해 정부가 적절히 잘 대응해 나가고 있는 것이다. 이는 국민들의 복리 증진을 위해 재정학에서 주로 연구하고 있는 측면이기도 하다. 이는 결국 세계에 있어서 세율 체계에 의해서도 영향을 받을 수 있고, 한국의 경우 외국계 펀드를 비롯한 자금들이 활발하게 진출하여 활동을 하고 있기도 하다. 한편 법인세율의 경우 국가별 및 같은 국가에서도 정부별로 차이가 존재할 수 있다고 전문가들은 보고 있다.

이는 결국 세계에 있어서 세율 체계에 의해서도 영향을 받을 수 있고, 한국의 경우 외국계 펀드를 비롯한 자금들이 활발하게 진출하여 활동을 하고 있기도 하다. 한편 법인세율의 경우 국가별 및 같은 국가에서도 정부별로 차이가 존재할 수 있다고 전문가들은 보고 있다.

미국의 경우 공화당정부의 경우 법인세율에 대하여 인하 쪽에 있어서 민주당 정부보다 더 많은 관심을 기울이고 있다고 전문가들은 판단한다. 이는 정부별로 차이가 발생할 수 있는 것으로 미국의 공화당정부의 경우 법인세율 인하로 기업 가들이 자유롭게 경제활동을 적극적으로 참여하여 근로소득에도 긍정적인 영향을 줄 수 있다고 판단하고 있는 것이다.

일반적으로 선진국들의 경우 이머징마켓에 속하는 국가들에서보다 상대적으로 개인소득세에 대한 징수액부문이 큰 것으로 알려져 있다. 그리고 이머징마켓에 속하는 국가들의 경우 선진 국가들과 비교할 때 기업부문에서 거두어들이는 소득세가 보다 큰 것으로 전문가들은 판단하고 있다. 이는 선진 국가들의 경우에 있어서 부의 형평과 공정성이 이머징마켓에 속하는 국가들에서보다 잘 이루어져 있을 수 있다는 것을 의미한다.[3] 그리고 한국이 IMF로부터 긴급자금을 융자받았을 때 이전과 같이 기업들의 경우 매출액을 수익성보다 높게 고려하고 투자수익률이 이자율 체계보다 높게 형성되는 구간이 많았을 때 기업들에 의하여 징수되는 세금이 상대적으로 개인들에게서보다 클 수 있음도 전문가들은 보고 있다.

한편 일반적으로 개개인들은 위험 회피적(risk averse)인 성향을 나타내고 있다는 것을 기본적인 가정으로 하고 재테크적인 시각으로 개개인들의 행동을 판단해야 한다고 전문가들은 판단하고 있다.

일반적으로 부동산과 관련하여서는 영국 보통법의 체계가 근간을 이루어 발달해 왔다. 이는 주로 재산권 및 소유권에 대한 행사로 구체화되어 미국을 비롯한 세계에 통용되고 있다고 시장전문가들은 보고 있다. 부동산의 의미는 영구적 부착되어진 것들과 토지라는 전통적인 방식으로 구성되어 있다.

---

3) Aghion, P. and Howitt, P.(1998), Endogenous Growth Theory, Cambridge : MIT Press.

	특성과 내용적 정리
미국을 중심으로 세제 체계와 재테크의 방향성 및 개인의 위험 회피적인 성향	미국의 경우 공화당정부의 경우 법인세율에 대하여 인하 쪽에 있어서 민주당정부보다 더 많은 관심을 기울이고 있다고 전문가들은 판단한다. 이는 정부별로 차이가 발생할 수 있는 것으로 미국의 공화당정부의 경우 법인세율 인하로 기업가들이 자유롭게 경제활동을 적극적으로 참여하여 근로소득에도 긍정적인 영향을 줄 수 있다고 판단하고 있는 것이다. 일반적으로 선진국들의 경우 이머징마켓에 속하는 국가들에서보다 상대적으로 개인소득세에 대한 징수액부문이 큰 것으로 알려져 있다. 그리고 이머징마켓에 속하는 국가들의 경우 선진 국가들과 비교할 때 기업부문에서 거두어들이는 소득세가 보다 큰 것으로 전문가들은 판단하고 있다. 이는 선진 국가들의 경우에 있어서 부의 형평과 공정성이 이머징마켓에 속하는 국가들에서보다 잘 이루어져 있을 수 있다는 것을 의미한다. 그리고 한국이 IMF로부터 긴급자금을 융자받았을 때 이전과 같이 기업들의 경우 매출액을 수익성보다 높게 고려하고 투자수익률이 이자율 체계보다 높게 형성되는 구간이 많았을 때 기업들에 의하여 징수되는 세금이 상대적으로 개인들에게서보다 클 수 있음도 전문가들은 보고 있다. 한편 일반적으로 개개인들은 위험 회피적(risk averse)인 성향을 나타내고 있다는 것을 기본적인 가정으로 하고 재테크적인 시각으로 개개인들의 행동을 판단해야 한다고 전문가들은 판단하고 있다. 일반적으로 부동산과 관련하여서는 영국 보통법의 체계가 근간을 이루어 발달해 왔다. 이는 주로 재산권 및 소유권에 대한 행사로 구체화되어 미국을 비롯한 세계에 통용되고 있다고 시장전문가들은 보고 있다. 부동산의 의미는 영구적 부착되어진 것들과 토지라는 전통적인 방식으로 구성되어 있다.

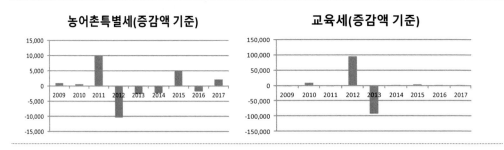

<그림 1-14>에는 한국 농어촌특별세(증감액 기준)와 교육세(증감액 기준)의 추이가 나타나 기록되어 있다. 이 그래프의 데이터 기간은 한국 농어촌특별세(증감액 기준)와 교육세(증감액 기준)의 추이의 모두에서 2009년부터 2017년까지 연간 자료이다.

한국 방위세(증감액 기준)와 관세(증감액 기준) 추이의 단위는 억 원이다. 이 데이터는 한국은행에서 제공하는 홈페이지의 경제통계와 관련된 검색시스템에서 간편 검색이라는 사이트를 통하여 수집한 것이다. 이 자료를 통하여 알 수 있는 바와 같이 한국 농어촌특별세(증감액 기준)와 교육세(증감액 기준)의 추이를 살펴보면, 이 기간 동안 큰 변동은 없는 것을 알 수 있다.

한편 부동산을 포함한 자산의 경우 OECD국가들에 있어서 세원의 잠식과 소득의 이전과 관련하여 조세의 회피에 대하여 차단에 관련한 사업을 2012년의 중반 경에 추진하기로 결정한 바 있다.

한국의 경우 2020년부터 고가이면서 비주거용의 소규모에 해당하는 건물의 증여세나 상속세가 상승할 수도 있을 것으로 보인다. 이는 부의 공정성과 공평성에 관련된 재정학적인 영역이다.

한국의 경우에 있어서 일명 '금수저'로 불리는 부의 불균형에 대한 시정에 대하여 사회적인 이슈가 제기되기도 하였다. 이는 불로소득의 연장선에서 판단되는 측면도 다소 있다고 전문가들은 판단하고 있기도 하다.

	특성과 내용적 정리
부의 불균형에 대한 시정적인 측면	부동산을 포함한 자산의 경우 OECD국가들에 있어서 세원의 잠식과 소득의 이전과 관련하여 조세의 회피에 대하여 차단에 관련한 사업을 2012년의 중반 경에 추진하기로 결정한 바 있다. 한국의 경우 2020년부터 고가이면서 비주거용의 소규모에 해당하는 건물의 증여세나 상속세가 상승할 수도 있을 것으로 보인다. 이는 부의 공정성과 공평성에 관련된 재정학적인 영역이다. 한국의 경우에 있어서 일명 '금수저'로 불리는 부의 불균형에 대한 시정에 대하여 사회적인 이슈가 제기되기도 하였다. 이는 불로소득의 연장선에서 판단되는 측면도 다소 있다고 전문가들은 판단하고 있기도 하다.

미국의 경우 2020년 이후 경기가 하락세를 보일 경우 금리를 인하하는 정책을 세워나갈 수도 있다고 일부 전문가들은 판단하고 있다. 이 경우에 있어서 오피스텔이나 소규모 건물, 상가와 같은 임대수익을 목적으로 하는 자산 가치(asset valuation)가 상승할 수 있다고 일부 전문가들은 내다보고 있다.

이와 같은 예상들이 반영되고 국내외 경제 여건이 고려되면서 한국의 국책은행도 한국은행이 기준금리를 2019년 하반기 예상으로 2020년까지 추가적인 인하를 할 수도 있다고 내다보고 있는 측면이 있다.

■ 표 1-9 금리 인하 시 투자유망 부동산 : 오피스텔이나 소규모 건물, 상가

	특성과 내용적 정리
금리 인하 시 투자유망 부동산 : 오피스텔이나 소규모 건물, 상가	미국의 경우 2020년 이후 경기가 하락세를 보일 경우 금리를 인하하는 정책을 세워나갈 수도 있다고 일부 전문가들은 판단하고 있다. 이 경우에 있어서 오피스텔이나 소규모 건물, 상가와 같은 임대수익을 목적으로 하는 자산 가치(asset valuation)가 상승할 수 있다고 일부 전문가들은 내다보고 있다. 이와 같은 예상들이 반영되고 국내외 경제 여건이 고려되면서 한국의 국책은행도 한국은행이 기준금리를 2019년 하반기 예상으로 2020년까지 추가적인 인하를 할 수도 있다고 내다보고 있는 측면이 있다.

2019년 하반기의 한국경제는 미국과 중국의 무역관련 분쟁과 홍콩과 관련된 이슈, 한일 무역과 관련된 이슈들이 제기되고 있는 상황이어서 특히 한일과의 무역이슈와 관련하여서는 시중 은행이 협력기업을 대상으로 하는 대출관련 상품을 출시해 놓고 있기도 하다.

■ 표 1-10 한국의 중국과 미국에 대한 수출의 비중과 대외경제의 안정화

	특성과 내용적 정리
한국의 중국과 미국에 대한 수출의 비중과 대외경제의 안정화	2019년 하반기의 한국경제는 미국과 중국의 무역관련 분쟁과 홍콩과 관련된 이슈, 한일 무역과 관련된 이슈들이 제기되고 있는 상황이어서 특히 한일과의 무역이슈와 관련하여서는 시중 은행이 협력기업을 대상으로 하는 대출관련 상품을 출시해 놓고 있기도 하다. 이에 따라 한국의 증권시장과 경제에도 부담이 가중되고 있는 것이 현실이라고 전문가들은 보고 있다. 2018년의 기준으로 볼 경우 한국의 중국에 대한 수출의 비중이 20%대 중후반을 보였으며, 같은 시기에 한국의 미국에 대한 수출의 비중은 10%대 초반에 이르고 있다. 이와 같이 수출비중이 높은 한국의 경우 대외경제의 안정화가 국내경제 및 증시의 안정에 절대적으로 도움이 되는 것이다. 궁극적으로 부동산의 경우에 있어서도 글로벌화 되어 있는 시대에 있어서 국내경제의 안정이 뒷받침되어야 지속적인 상승이 가능하다는 것이 일부 전문가들의 견해이기도 하다.

이에 따라 한국의 증권시장과 경제에도 부담이 가중되고 있는 것이 현실이라고 전문가들은 보고 있다. 2018년의 기준으로 볼 경우 한국의 중국에 대한 수출의 비중이 20%대 중후반을 보였으며, 같은 시기에 한국의 미국에 대한 수출의 비중은 10%대 초반에 이르고 있다.

1. 국가들 간에 있어서의 법인세율과 소득세율에 있어서 차이점에 대하여 설명하시오.

정답

	특성과 내용적 정리
국가들 간에 있어서의 법인세율과 소득세율	국가들 간에 있어서 법인세율과 소득세율에 있어서 차이점은 분명히 존재하고 있다. 이는 국가들 간에 있어서 각각의 국가에 해당하는 위험등급이 다르고, GDP성장률과 금리 수준 등이 모두 다르기 때문이기도 하다.

2. 인공지능(Artificial Intelligence) 시대의 공유(sharing)의 개념에 대하여 설명하시오.

정답

4차 산업혁명과 관련하여 새로운 형태의 경제체제가 탄생되기도 한다. 서버와 관련된 사업을 해 나가는 방식인 영국의 반도체관련 설계업체 등이 새로운 형태의 경제체제를 담아가고 있다. 또한 현재 전문가들이 성장 가능성이 높을 것으로 주목하고 있는 그랩(Grab)과 우버(Uber) 등의 차량공유업과 관련된 사업 등도 있다. 그랩은 동남아시아(east south asia) 최대의 업체이고 우버는 미국의 샌프란시스코를 중심으로 발전해 나간 사업 방식이다. 동남아시아의 경우 고젝이라는 차량에 대한 공유업체도 있다.

우버의 경우 스마트폰을 통한 앱에 의하여 일반적인 차량에 대하여 배정받고 이용할 수 있는 교통중개의 서비스(service) 체계를 의미하는데 이는 전통적인 택시(taxi)와는 다른 방식으로 발전 가능성에 대하여 전문가들은 주목하고 있는 것이다. 한국의 경우 카카오와 우버가 각각 택시회사와 택시 단체에 대하여 접촉하는 방식으로 사업이 진행되고 있다.

이와 같은 분야는 4차 산업혁명과 연계되어 발전되어 나가고 있으며, 이와 같은 4차 산업혁명 분야 중에서도 인공지능의 경우 여기에 투자하는 펀드에 마이크로소프트를 비롯하여 애플 등이 관심을 갖고 있다고 전문가들은 주목하고 있다. 그만큼 성장가능성이 높은 분야로 주목을 받고 있는 것이다.

이러한 인공지능(Artificial Intelligence)은 경제체제와도 공유(sharing)하면서 발전해 나가고 있는 것이다. 공유경제라는 개방적인 형태의 사업(business) 모형의 경우 재능(talent)과 경험 등을 통하여 여러 사람의 개인들이 협업의 관계를 통하여 타인에게 빌려주기도 하고 나누어 쓰기도 하는 온라인(on-line) 형태로 발전해 나가는 것을 의미한다.

3. 재정학과 공유경제의 개념 및 관계에 대하여 설명하시오.

정답

공유경제는 소유의 개념이 아닌 재화에 대하여 타인에게 빌려주기도 하고 나누어 쓰기도 하는 새로운 행태의 온라인 비즈니스 개념인 것이다. 이와 같은 과정을 통하여 개인들이 여기에 부가가치(value-added)를 더하고 국가적인 시스템을 통하여 볼 때 거시경제적(macro economic)인 측면에 있어서 합리적(rational)인 경제시스템을 구축해 나가려고 하는 것이다.

이와 같은 국가적인 시스템에서 공유경제가 갖는 개념 및 적용이 재정학적인 영역과 어떻게 같이 동반하여 성장해 나갈 수 있는지에 대하여 연구해 나가야 한다. 이는 국가적인 시스템상 모두 국민들의 삶에 있어서 '파레토 효율성'을 담아갈 수 있는지에 궁극적으로 닿아 있고 그렇게 진행되어 가고 있기 때문이다.

4. 투자의 관점에서 부동산(아파트)과 금(Gold)에 대하여 설명하시오.

정답

	특성과 내용적 정리
투자 : 부동산(아파트) 과 금(Gold)	4차 산업혁명이 진행되고 있는 가운데 2019년 하반기 들어 금값의 추세가 높은 수준을 보이고 있다. 이는 세계 경제의 불확실성과 한국에 대한 일본 측의 화이트리스트라는 무역보복의 흐름이 이와 같은 금(gold)에 대한 선호 현상을 부추기는 것으로 전문가들은 판단하고 있다. 전체적으로 한국의 경우에는 가장 많은 자금은 전통적으로 부동산에 투자하고 서울 지역의 아파트와 서울지역 내에서도 특정 지역의 부동산이 가격흐름이 주도 하고 있다. 이는 주로 한강변을 중심축으로 하는 인기 지역과 역세권, 교통의 흐름과 인구의 이동, 재개발과 재건축, 뉴타운 건설, 도시의 리뉴얼과 재구축 등 및 4차 산업혁명의 스마트 시티(smart city) 등도 전문가들은 주요 변수로 보고 있다. 규제와 제도적인 영향이 부동산 시장에 심리를 포함하여 막대한 영향을 주기도 한다. 이와 같은 실물시장은 2019년 하반기 들어 미국과 한국의 금리 인하 움직임이 있어서 주의를 기울이고 있다고 전문가들은 판단하고 있다.

5. 세계적인 불확실성과 안전자산에 대한 선호 현상, 정보의 비대칭성에 대하여 설명하시오.

　　세계적인 불확실성으로 안전자산에 대한 선호 현상이 영향을 주기도 한다고 이들 전문가들은 보고 있다. 이와 같이 위험한 자산에 대한 투자보다는 금을 비롯한 부동산 등 실물자산의 움직임에 대하여 전문가들은 주시하고 있다.

　　시장전문가들은 2019년 하반기 들어 중국이 미국에서 수입하는 농산물에 대하여 수입을 금지하는 조치를 단행할 수 있음을 주시하고 있다. 이는 미국과 중국의 무역분쟁 그리고 미국의 중국에 대한 관세정책에 대한 흐름에 있어서 주시하고 있는 측면이다.

　　한편 미국을 비롯한 주요 국가들은 2020년 이후 미국의 경기변동(business cycle)이 현재의 국면에서 변화가 있을지 시장 전문가들은 주시하고 있다. 그리고 이와 같은 미국의 무역부문이 중국과의 불협화음이 2019년 하반기 이후에도 지속될지 그리고 한국과 일본의 무역관련 이슈가 2019년 하반기 이후에 이어질지와 관련하여 한국의 정보통신기술업체 들은 주시하고 있다. 이는 현재와 같은 세계 경기의 불확실성이 있는 가운데 2020년 이후의 미국 경기가 2019년 하반기 현재와 같은 좋은 흐름을 지속할지가 한국의 기업들의 수익에 영향을 줄 수밖에 없기 때문이다.

　　앞에서도 4차 산업혁명 속에 인공지능과 공유경제 체제 등 여러 가지 변화 양상에 대하여도 언급하였지만, 4차 산업혁명의 진행 속도가 빨라질수록 단순한 일자리가 사라질 수 있다고 전문가들은 내다보고 있기도 하다.

　　대내외 경제 상황들을 고려할 때, 한국 정부는 사회적인 불평등도의 완화와 혁신적인 기술 발전을 잘 주도해 나가고 있다. 이와 같은 사회적인 불평등도의 완화는 재정학적인 영역으로 4차 산업혁명의 시대를 고려할 때 정부는 정보의 비대칭성(information asymmetric)에서 오는 불합리와 이를 통한 독과점의 치유를 위해 잘 노력하고 있는 것이다.

6. 4차 산업혁명 시대에 정보 및 재정학의 역할 중에서 국민들의 복리 증진에 대하여 설명하시오.

	특성과 내용적 정리
4차 산업혁명 시대에 정보 및	2019년 하반기에 한국의 국세부문의 수입에 관하여 전문가들은 2018년과 유사한 정도로 예상하고 있다. 한편 미국과 중국의 관세

재정학의 역할 : 국민들의 복리 증진	와 관련된 분쟁에 있어서는 미국의 중국에 대한 환율조작국의 이슈 제기로 중국이 희토류와 관련된 무역에 있어서 이슈를 제기하는 상황으로 가는 등 반복적인 무역관련 이슈들이 2019년 하반기 들어 이어지고 있다. 결국 이는 보호무역주의에 가까운 상황들이 이어지고 있는 것이어서 세계 무역에는 긍정적인 요인은 아닌 것으로 전문가들은 보고 있다. 한편 정보의 비대칭성은 도덕적인(moral) 해이(hazard)와 역(adverse)의 선택 문제(selection problem)를 가져오고, 결국 4차 산업혁명 시대에 정보가 앞서가는 기업의 경우 독과점으로 갈 수 있어서 결국 공정거래 질서를 위해 정부가 적절히 잘 대응해 나가고 있는 것이다. 이는 국민들의 복리 증진을 위해 재정학에서 주로 연구하고 있는 측면이기도 하다. 이는 결국 세계에 있어서 세율 체계에 의해서도 영향을 받을 수 있고, 한국의 경우 외국계 펀드를 비롯한 자금들이 활발하게 진출하여 활동을 하고 있기도 하다. 한편 법인세율의 경우 국가별 및 같은 국가에서도 정부별로 차이가 존재할 수 있다고 전문가들은 보고 있다.

7. 미국을 중심으로 세제 체계와 재테크의 방향성 및 개인의 위험 회피적인 성향에 대하여 설명하시오.

정답

	특성과 내용적 정리
미국을 중심으로 세제 체계와 재테크의 방향성 및 개인의 위험 회피적인 성향	미국의 경우 공화당정부의 경우 법인세율에 대하여 인하 쪽에 있어서 민주당정부보다 더 많은 관심을 기울이고 있다고 전문가들은 판단한다. 이는 정부별로 차이가 발생할 수 있는 것으로 미국의 공화당정부의 경우 법인세율 인하로 기업가들이 자유롭게 경제활동을 적극적으로 참여하여 근로소득에도 긍정적인 영향을 줄 수 있다고 판단하고 있는 것이다. 일반적으로 선진국들의 경우 이머징마켓에 속하는 국가들에서보다 상대적으로 개인소득세에 대한 징수액부문이 큰 것으로 알려져 있다. 그리고 이머징마켓에 속하는 국가들의 경우 선진 국가들과 비교할 때 기업부문에서 거두어들이는 소득세가 보다 큰 것으로 전문가들은 판단하고 있다. 이는 선진 국가들의 경우에 있어서 부의 형평과 공정성이 이머징마켓에 속하는 국가들에서보다 잘 이루어져 있을 수 있다는 것을 의미한다. 그리고 한국이 IMF로부터 긴급자금을 융자받았을 때 이전과 같이 기업들의 경우 매출액을 수익성보다 높게 고려하고 투자수익률이 이자율 체계보다 높게 형성되는 구간이 많았을 때 기

업들에 의하여 징수되는 세금이 상대적으로 개인들에게서보다 클 수 있음도 전문가들은 보고 있다.

한편 일반적으로 개개인들은 위험 회피적(risk averse)인 성향을 나타내고 있다는 것을 기본적인 가정으로 하고 재테크적인 시각으로 개개인들의 행동을 판단해야 한다고 전문가들은 판단하고 있다.

일반적으로 부동산과 관련하여서는 영국 보통법의 체계가 근간을 이루어 발달해 왔다. 이는 주로 재산권 및 소유권에 대한 행사로 구체화되어 미국을 비롯한 세계에 통용되고 있다고 시장전문가들은 보고 있다. 부동산의 의미는 영구적 부착되어진 것들과 토지라는 전통적인 방식으로 구성되어 있다.

8. 부의 불균형에 대한 시정적인 측면에 대하여 설명하시오.

정답

부동산을 포함한 자산의 경우 OECD국가들에 있어서 세원의 잠식과 소득의 이전과 관련하여 조세의 회피에 대하여 차단에 관련한 사업을 2012년의 중반 경에 추진하기로 결정한 바 있다.

한국의 경우 2020년부터 고가이면서 비주거용의 소규모에 해당하는 건물의 증여세나 상속세가 상승할 수도 있을 것으로 보인다. 이는 부의 공정성과 공평성에 관련된 재정학적인 영역이다.

한국의 경우에 있어서 일명 '금수저'로 불리는 부의 불균형에 대한 시정에 대하여 사회적인 이슈가 제기되기도 하였다. 이는 불로소득의 연장선에서 판단되는 측면도 다소 있다고 전문가들은 판단하고 있기도 하다.

9. 금리 인하 시 투자유망 부동산으로 오피스텔이나 소규모 건물, 상가에 대하여 설명하시오.

정답

	특성과 내용적 정리
금리 인하 시 투자유망 부동산 : 오피스텔이나 소규모 건물, 상가	미국의 경우 2020년 이후 경기가 하락세를 보일 경우 금리를 인하하는 정책을 세워나갈 수도 있다고 일부 전문가들은 판단하고 있다. 이 경우에 있어서 오피스텔이나 소규모 건물, 상가와 같은 임대수익을 목적으로 하는 자산 가치(asset valuation)가 상승할 수 있다고 일부 전문가들은 내다보고 있다. 이와 같은 예상들이 반영되고 국내외 경제 여건이 고려되면서 한국의 국책은행도 한국

은행이 기준금리를 2019년 하반기 예상으로 2020년까지 추가적인 인하를 할 수도 있다고 내다보고 있는 측면이 있다.

10. 한국의 중국과 미국에 대한 수출의 비중과 대외경제의 안정화에 대하여 설명 하시오.

정답

	특성과 내용적 정리
한국의 중국과 미국에 대한 수출의 비중과 대외경제의 안정화	2019년 하반기의 한국경제는 미국과 중국의 무역관련 분쟁과 홍콩과 관련된 이슈, 한일 무역과 관련된 이슈들이 제기되고 있는 상황이어서 특히 한일과의 무역이슈와 관련하여서는 시중 은행이 협력기업을 대상으로 하는 대출관련 상품을 출시해 놓고 있기도 하다. 이에 따라 한국의 증권시장과 경제에도 부담이 가중되고 있는 것이 현실이라고 전문가들은 보고 있다. 2018년의 기준으로 볼 경우 한국의 중국에 대한 수출의 비중이 20%대 중후반을 보였으며, 같은 시기에 한국의 미국에 대한 수출의 비중은 10%대 초반에 이르고 있다. 이와 같이 수출비중이 높은 한국의 경우 대외경제의 안정화가 국내경제 및 증시의 안정에 절대적으로 도움이 되는 것이다. 궁극적으로 부동산의 경우에 있어서도 글로벌화 되어 있는 시대에 있어서 국내경제의 안정이 뒷받침되어야 지속적인 상승이 가능하다는 것이 일부 전문가들의 견해이기도 하다.

Chapter

02

투자 유망 상품과 개개인의 소비세적인 측면

제1절 미국경제와 투자 유망 상품 구조

이와 같이 수출비중이 높은 한국의 경우 대외경제의 안정화가 국내경제 및 증시의 안정에 절대적으로 도움이 되는 것이다. 궁극적으로 부동산의 경우에 있어서도 글로벌화되어 있는 시대에 있어서 국내경제의 안정이 뒷받침되어야 지속적인 상승이 가능하다는 것이 일부 전문가들의 견해이기도 하다.

그림 2-1 대외경제의 안정화와 수출비중이 높은 한국경제와 증시

수출비중이 높은 한국의 경우

↓

대외경제의 안정화

↓

국내경제 및 증시의 안정에 절대적으로 도움

그림 2-2 재테크적인 관점에서 국내경제의 안정과 부동산시장

글로벌화되어 있는 시대에 있어서 국내경제의 안정

↓

부동산의 경우

↓

지속적인 상승의 가능

표 2-1 미국경제의 침체국면진입 시 투자 유망 상품 구조

	특성과 내용적 정리
미국경제의 침체국면진입 시 투자 유망 상품 구조	2019년 하반기에 들어 일부 전문가들은 향후 미국경제도 침체국면에 진입할 경우 상승이 발생할 때 수익이 나는 구조가 아닌 반대로 구성된 역의 전략과 관련된 투자 상품이 있을 경우 투자를 권유하겠다고 주장하고 있다. 이는 손실의 위험이 줄어들 수 있기 때문이라고 보는 견해이다.

또한 2019년 하반기에 들어 일부 전문가들은 향후 미국경제도 침체국면에 진입할 경우 상승이 발생할 때 수익이 나는 구조가 아닌 반대로 구성된 역의 전략과 관련된 투자 상품이 있을 경우 투자를 권유하겠다고 주장하고 있다. 이는 손실의 위험이 줄어들 수 있기 때문이라고 보는 견해이다.

그림 2-3 미국경제가 침체국면에 진입할 경우와 투자 유망 상품

미국경제 침체국면에 진입할 경우

↓

상승이 발생할 때 수익이 나는 구조가 아닌
반대로 구성된 역의 전략과 관련된 투자 상품

↓

손실의 위험 감소

■ **표 2-2** 미국경제 침체를 방지하기 위한 미국 정부와 기업의 노력

	특성과 내용적 정리
미국경제 침체를 방지하기 위한 미국 정부와 기업의 노력	전략적으로 미국경제 침체를 대비한 미국 정부의 노력은 어떠할까? 이는 법인세와 같은 세제를 낮추는 전략을 이미 취한 바가 있다는 것이 일부 전문가들의 견해이다. 이에 따라 미국의 유수 자동차 메이커 회사 중에 하나와 스마트폰과 관련된 세계적인 기업도 미국 내의 투자에 대하여 적극 고려중인 상태라고 일부 전문가들은 판단하고 있다.

■ **그림 2-4** 한국 지방세합계(증감액 기준)와 종합부동산세(증감액 기준)의 추이

　　<그림 2-4>에는 한국 지방세합계(증감액 기준)와 종합부동산세(증감액 기준)의 추이가 나타나 기록되어 있다. 이 그래프의 데이터 기간은 한국 지방세합계(증감액 기준)와 종합부동산세(증감액 기준) 추이의 모두에서 2009년부터 2017년까지 연간자료이다.

　　한국 지방세합계(증감액 기준)와 종합부동산세(증감액 기준)의 단위는 억 원이다. 이 데이터는 한국은행에서 제공하는 홈페이지의 경제통계와 관련된 검색시스템에서 간편 검색이라는 사이트를 통하여 수집한 것이다. 한국 지방세의 경우 한일 무역에 관한 이슈로 인하여 소재와 부품과 같은 미래에 유망한 산업분야에 대한 지원이 강화되고 있다.

표 2-3 연구 및 개발과 관련된 조세지원의 확대

	특성과 내용적 정리
연구 및 개발과 관련된 조세지원의 확대	한국경제와 증시에 대한 안정화를 위하여 장기적으로 연구 및 개발과 관련된 조세지원의 확대와 법인세의 최고세율의 인하에 대하여 일부 전문가들은 주장하고 있다. 한일 무역이슈와 같은 논란으로 인하여 2019년 하반기 들어 연구 및 개발과 관련된 조세지원의 확대와 같은 주요 의제들이 소재부품과 관련하여서도 논의가 되고 있기도 하다.

한편 전략적으로 미국경제 침체를 대비한 미국 정부의 노력은 어떠할까? 이는 법인세와 같은 세제를 낮추는 전략을 이미 취한 바가 있다는 것이 일부 전문가들의 견해이다. 이에 따라 미국의 유수 자동차 메이커 회사 중에 하나와 스마트폰과 관련된 세계적인 기업도 미국 내의 투자에 대하여 적극 고려중인 상태라고 일부 전문가들은 판단하고 있다.

그림 2-5 미국경제 침체를 대비한 미국 정부의 세제정책과 자국 내 투자의 관계

미국경제 침체를 대비한 미국 정부의 노력

↓

법인세와 같은 세제를 낮추는 전략

↓

미국의 유수 자동차 메이커 회사 중에 하나와 스마트폰과 관련된
세계적인 기업도 미국 내의 투자에 대하여 적극 고려

그림 2-6 연구 및 개발과 관련된 조세지원의 확대

연구 및 개발과 관련된 조세지원의 확대와 법인세의 최고세율의 인하

↓

한국경제와 증시에 대한 안정화

이에 따라 한국경제와 증시에 대한 안정화를 위하여 장기적으로 연구 및 개발과 관련된 조세지원의 확대와 법인세의 최고세율의 인하에 대하여 일부 전문가들은 주장하고 있다. 한일 무역이슈와 같은 논란으로 인하여 2019년 하반기 들어 연구 및 개발과 관련된 조세지원의 확대와 같은 주요 의제들이 소재부품과 관련하여서도 논의가 되고 있기도 하다.

■ 표 2-4 미국 : 세제관련 직접세와 간접세 및 법인소득과 관련된 세제

	특성과 내용적 정리
미국 : 세제관련 직접세와 간접세 및 법인소득과 관련된 세제	세제와 관련된 부의 균형 및 형평성과 관련하여 미국을 살펴볼 때 직접세와 간접세의 비율의 조정과 법인소득에 대한 소득 상위의 기업들의 확대를 주장하는 전문가들도 있다. 이는 재정학적인 영역으로 부의 균형과 공정성 및 일명 '금수저' 논란 등과 관련하여 국민들의 파레토 최적에 관련한 측면에서 주장하기도 하는 것이다.

세제와 관련된 부의 균형 및 형평성과 관련하여 미국을 살펴볼 때 직접세와 간접세 비율의 조정과 법인소득에 대한 소득 상위의 기업들의 확대를 주장하는 전문가들도 있다. 이는 재정학적인 영역으로 부의 균형과 공정성 및 일명 '금수저' 논란 등과 관련하여 국민들의 파레토 최적에 관련한 측면에서 주장하기도 하는 것이다.

■ 그림 2-7 직접세와 간접세의 비율의 조정과 법인소득에 대한 소득 상위의 기업들의 확대

세제와 관련된 부의 균형과 관련한 미국의 경우

↓

직접세와 간접세의 비율의 조정과 법인소득에
대한 소득 상위의 기업들의 확대를 주장

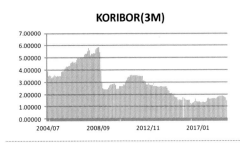

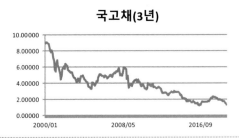

<그림 2-8>에는 한국 KORIBOR(3M)와 국고채(3년)의 금리 추이가 나타나 기록되어 있다. 이 그래프의 데이터 기간에서 한국 KORIBOR(3M)와 국고채(3년)의 금리 추이는 각각 2004년 7월부터 2019년 7월까지 및 2000년 1월부터 2019년 7월까지 월간자료이다. 한국 KORIBOR(3M)와 국고채(3년)의 금리의 단위는 연 %이다. 이 데이터는 한국은행에서 제공하는 홈페이지의 경제통계와 관련된 검색시스템에서 간편 검색이라는 사이트를 통하여 수집한 것이다.

이 자료를 살펴보면, 금리의 하향 안정화 추세가 뚜렷이 진행되어 왔음을 알수 있다. 한편 원달러 환율과 외국인의 투자의 상관관계를 살펴보면 원화의 약세가 진행될 때 한국 투자에 대한 매력도가 감소하는 것으로 판단해 볼 수 있지만 다른 한편에서는 한국의 채권에 대하여 저가의 매수기회로 생각할 수도 있다는 것을 고려해 보아야 한다고 시장전문가들은 지적하고 있다.

■ **표 2-5** 절세적인 측면 : 상속세

	특성과 내용적 정리
절세적인 측면 : 상속세	절세적인 측면에서 일부의 전문가들은 한국의 현행 상속세와 관련하여서는 상속을 받게 된 날짜의 말에 해당하는 때부터 6개월의 이내에 처분할 경우에 대하여 논의하고 있다.

	특성과 내용적 정리
한국경제와 일본경제	한일 무역에 관한 이슈를 통하여 살펴보는 일본의 국제시장의 영향력은 어떠할까? 달러로 표시되어 있는 일본의 자산(asset)에 대하여 국제의 금융시장을 통한 매각은 세계경제에 막대한 악영향을 줄 수 있다고 일부 전문가들은 판단하고 있다. 이에 따라 이러한 일부 전문가들은 한국경제와 일본경제도 국제시장의 안정의 측면에서 살펴볼 때 협력 및 동반자의 관계가 가장 이상적인 현상으로 지적하고 있기도 하다. 이와 같은 측면은 좀 전까지 살펴본 국세의 징수적인 측면에 있어서도 기업들의 경영 안정화와 안정적인 자금흐름으로 도움이 될 것이라고 일부 전문가들이 보고 있는 것으로 연결된다.

절세적인 측면에서 일부의 전문가들은 한국의 현행 상속세와 관련하여서는 상속을 받게 된 날짜의 말에 해당하는 때부터 6개월의 이내에 처분할 경우에 대하여 논의하고 있다.

■ 그림 2-9 절세의 효과와 상속세

절세의 효과

↓

한국의 현행 상속세와 관련하여서는 상속을 받게 된
날짜의 말에 해당하는 때부터 6개월의 이내에 처분

제2절 개개인의 소비와 세제적인 측면

한편 한일 무역에 관한 이슈를 통하여 살펴보는 일본의 국제시장 영향력은 어떠할까? 달러로 표시되어 있는 일본의 자산(asset)에 대하여 국제의 금융시장을 통한 매각은 세계경제에 막대한 악영향을 줄 수 있다고 일부 전문가들은 판단하고 있다.

일본의 국제시장 영향력

↓

일본의 자산(asset)에 대하여 국제의 금융시장을
통한 매각은 세계경제에 막대한 악영향을 줄 수 있음

■ 그림 2-11 미국 T/Note(5년)와 T/Bill(6M)의 금리 추이

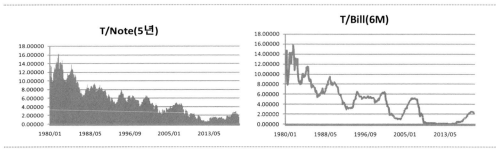

<그림 2-11>에는 미국 T/Note(5년)와 T/Bill(6M)의 금리 추이가 나타나 기록되어 있다. 이 그래프의 데이터 기간에서 미국 T/Note(5년)와 T/Bill(6M)의 금리 추이는 모두에서 1980년 1월부터 2019년 7월까지에 해당하는 월간자료이다.

미국 T/Note(5년)와 T/Bill(6M)의 금리의 단위는 연 %이다. 이 데이터는 한국은행에서 제공하는 홈페이지의 경제통계와 관련된 검색시스템에서 간편 검색이라는 사이트를 통하여 수집한 것이다. 여기서도 잘 알 수 있듯이 금리의 하향 안정화 추세는 뚜렷한데 이는 기업들의 이익률이 감소하였다는 것이 반영될 결과라고 재무 분야의 학자들은 주장하기도 한다.

■ 표 2-7 개별적인 소비세의 법적측면

	특성과 내용적 정리
개별적인 소비세의 법적측면	개개인들에 연결되는 조세적인 측면에 있어 살펴볼 때 특별적인 소비세의 법적측면이 2007년의 말 이후부터 개별적인 소비세의 법적측면이 고려되면서 명칭이 변경되기도 한 측면이 있다.

일부 전문가들은 한국경제와 일본경제도 국제시장의 안정의 측면에서 살펴볼 때 협력 및 동반자의 관계가 가장 이상적인 현상으로 지적하고 있기도 하다. 이와 같은 측면은 좀 전까지 살펴본 국세의 징수적인 측면에 있어서도 기업들의 경영 안정화와 안정적인 자금흐름으로 도움이 될 것이라고 일부 전문가들이 보고 있는 것으로 연결된다.[4]

한편 개개인들에 연결되는 조세적인 측면에 있어 살펴볼 때 특별적인 소비세의 법적측면이 2007년의 말 이후부터 개별적인 소비세의 법적측면이 고려되면서 명칭이 변경되기도 한 측면이 있다.

■ **표 2-8** 달러 또는 엔화에 대한 자금 및 금에 대한 관심도의 증대 현상

	특성과 내용적 정리
달러 또는 엔화에 대한 자금 및 금에 대한 관심도가 증대 현상	2019년 하반기 한국경제와 관련하여서는 일부 전문가들은 한국경제 및 증시의 안정화가 이룩되어야 결국 생산적인 측면에 있어서 기업들에게 안정적인 자금 공급이 되고 경제 및 증시도 활력을 되찾을 것으로 판단하고 있다. 이와 같은 일부 전문가들은 한국경제가 불확실성이 높아지면 결국 달러 또는 엔화에 대한 자금 선호 현상이 나타나고 금에 대한 관심도가 증대되는 이른바 안전자산과 관련된 선호측면이 부각될 수 있다고 판단하고 있기도 하다.

2019년 하반기 한국경제와 관련하여서는 일부 전문가들은 한국경제 및 증시의 안정화가 이룩되어야 결국 생산적인 측면에 있어서 기업들에게 안정적인 자금 공급이 되고 경제 및 증시도 활력을 되찾을 것으로 판단하고 있다. 이와 같은 일부 전문가들은 한국경제가 불확실성이 높아지면 결국 달러 또는 엔화에 대한 자금 선호 현상이 나타나고 금에 대한 관심도가 증대되는 이른 바 안전자산과 관련된 선호측면이 부각될 수 있다고 판단하고 있다.

---

4) Barro, R. J. and Sala−I−Martin, X.(1995), Economic Growth, New York : McGraw−Hill.

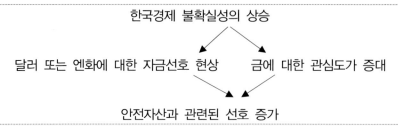

그림 2-12 한국경제 불확실성의 상승과 안전자산과 관련된 선호 증가 현상

한국경제 불확실성의 상승

달러 또는 엔화에 대한 자금선호 현상　　　금에 대한 관심도가 증대

안전자산과 관련된 선호 증가

　　　전문가들의 경우에 있어서 부의 형평성과 사회적인 복지 및 후생극대화 측면
에 있어서는 2019년 하반기 한국경제에 대하여 기초생활에 대한 보장권의 확대와
같은 주요 주제가 아직 남아있다고 주장하고 국채발행과 관련하여 가능성이 있는
지 주목하고 있기도 하다.

　　　이와 같이 부의 형평성과 공정성도 중요한 의제이고 일부에서는 한국경제의
불확실성의 증대로 예를 들어, 금과 관련된 펀드나 가격과 같은 이슈에 주목하는
측면도 있다. 이는 한국을 비롯한 세계경제의 안정화가 결국에 있어서 경제 및 세
제상 모두 선순환 구조를 가져갈 수 있다고 일부 전문가들은 의견을 개진하고 있
는 상황이다.

그림 2-13 국채발행과 기초생활에 대한 보장권의 확대

국채 발행

기초생활에 대한 보장권의 확대

그림 2-14 한국경제의 불확실성의 증대와 금과 관련된 펀드나 가격의 상승

한국경제의 불확실성의 증대

금과 관련된 펀드나 가격 상승

■ **표 2-9** 기초생활에 대한 보장권의 확대

	특성과 내용적 정리
기초생활에 대한 보장권의 확대	전문가들의 경우에 있어서 부의 형평성과 사회적인 복지 및 후생극대화 측면에 있어서는 2019년 하반기 한국경제에 대하여 기초생활에 대한 보장권의 확대와 같은 주요 주제가 아직 남아있다고 주장하고 국채발행과 관련하여 가능성이 있는지 주목하고 있기도 하다. 이와 같이 부의 형평성과 공정성도 중요한 의제이고 일부에서는 한국경제의 불확실성의 증대로 예를 들어, 금과 관련된 펀드나 가격과 같은 이슈에 주목하는 측면도 있다. 이는 한국을 비롯한 세계경제의 안정화가 결국에 있어서 경제 및 세제상 모두 선순환 구조를 가져갈 수 있다고 일부 전문가들은 의견을 개진하고 있는 상황이다.

■ **표 2-10** 미국과 중국의 무역분쟁의 전개과정 : 자원

	특성과 내용적 정리
미국과 중국의 무역분쟁의 전개과정 : 자원	세계경제에 있어서는 미국과 중국의 무역분쟁의 원만한 해결이 무엇보다 세계경제에 중요할 것으로 판단된다. 미국과 중국의 무역분쟁이 격화될수록 희토류와 같은 자원이 중국에 의하여 이슈화되기도 한다고 일부 전문가들은 내다보고 있다.

세계경제에 있어서는 미국과 중국의 무역분쟁의 원만한 해결이 무엇보다 세계경제에 중요할 것으로 판단된다. 미국과 중국의 무역분쟁이 격화될수록 희토류와 같은 자원이 중국에 의하여 이슈화되기도 한다고 일부 전문가들은 내다보고 있다.

■ **그림 2-15** 미국 T/Bond(30년)와 T/Note(10년)의 금리 추이

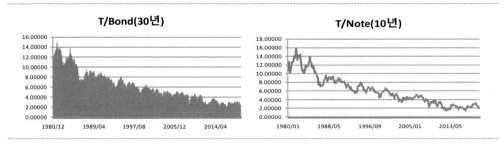

<그림 2-15>에는 미국 T/Bond(30년)와 T/Note(10년)의 금리 추이가 나타나 기록되어 있다. 이 그래프의 데이터 기간에서 미국 T/Bond(30년)와 T/Note(10년)의 금리 추이는 각각 1980년 12월부터 2019년 7월까지와 1980년 1월부터 2019년 7월까지에 해당하는 월간자료이다.

미국 T/Bond(30년)와 T/Note(10년) 금리의 단위는 연 %이다. 이 데이터는 한국은행에서 제공하는 홈페이지의 경제통계와 관련된 검색시스템에서 간편 검색이라는 사이트를 통하여 수집한 것이다. 시계열의 데이터상에서 금리의 하향 안정화 현상이 뚜렷함을 여기서도 알 수 있다.

1. 미국경제의 침체국면진입 시 투자 유망 상품 구조에 대하여 설명하시오.

정답

	특성과 내용적 정리
미국경제의 침체국면진입 시 투자 유망 상품 구조	2019년 하반기에 들어 일부 전문가들은 향후 미국경제도 침체국면에 진입할 경우 상승이 발생할 때 수익이 나는 구조가 아닌 반대로 구성된 역의 전략과 관련된 투자 상품이 있을 경우 투자를 권유하겠다고 주장하고 있다. 이는 손실의 위험이 줄어들 수 있기 때문이라고 보는 견해이다.

2. 미국경제 침체를 방지하기 위한 미국 정부와 기업의 노력에 대하여 설명하시오.

정답

　　전략적으로 미국경제 침체를 대비한 미국 정부의 노력은 어떠할까? 이는 법인세와 같은 세제를 낮추는 전략을 이미 취한 바가 있다는 것이 일부 전문가들의 견해이다. 이에 따라 미국의 유수 자동차 메이커 회사 중에 하나와 스마트폰과 관련된 세계적인 기업도 미국 내의 투자에 대하여 적극 고려중인 상태라고 일부 전문가들은 판단하고 있다.

3. 연구 및 개발과 관련된 조세지원의 확대에 대하여 설명하시오.

정답

	특성과 내용적 정리
연구 및 개발과 관련된 조세지원의 확대	한국경제와 증시에 대한 안정화를 위하여 장기적으로 연구 및 개발과 관련된 조세지원의 확대와 법인세의 최고세율의 인하에 대하여 일부 전문가들은 주장하고 있다. 한일 무역이슈와 같은 논란으로 인하여 2019년 하반기 들어 연구 및 개발과 관련된 조세지원의 확대와 같은 주요 의제들이 소재부품과 관련하여서도 논의가 되고 있기도 하다.

4. 미국의 세제관련 직접세와 간접세 및 법인소득과 관련된 세제에 대하여 설명하시오.

정답

	특성과 내용적 정리
미국 : 세제관련 직접세와 간접세 및 법인소득과 관련된 세제	세제와 관련된 부의 균형 및 형평성과 관련하여 미국을 살펴볼 때 직접세와 간접세의 비율의 조정과 법인소득에 대한 소득 상위의 기업들의 확대를 주장하는 전문가들도 있다. 이는 재정학적인 영역으로 부의 균형과 공정성 및 일명 '금수저' 논란 등과 관련하여 국민들의 파레토 최적에 관련한 측면에서 주장하기도 하는 것이다.

5. 절세적인 측면에 있어서 상속세에 대하여 설명하시오.

정답

	특성과 내용적 정리
절세적인 측면 : 상속세	절세적인 측면에서 일부의 전문가들은 한국의 현행 상속세와 관련하여서는 상속을 받게 된 날짜의 말에 해당하는 때부터 6개월의 이내에 처분할 경우에 대하여 논의하고 있다.

6. 한국경제와 일본경제에 대하여 설명하시오.

정답

한일 무역에 관한 이슈를 통하여 살펴보는 일본의 국제시장의 영향력은 어떠할까? 달러로 표시되어 있는 일본의 자산(asset)에 대하여 국제의 금융시장을 통한 매각은 세계경제에 막대한 악영향을 줄 수 있다고 일부 전문가들은 판단하고 있다.

이에 따라 이러한 일부 전문가들은 한국경제와 일본경제도 국제시장의 안정의 측면에서 살펴볼 때 협력 및 동반자의 관계가 가장 이상적인 현상으로 지적하고 있기도 하다. 이와 같은 측면은 좀 전까지 살펴본 국세의 징수적인 측면에 있어서도 기업들의 경영 안정화와 안정적인 자금흐름으로 도움이 될 것이라고 일부 전문가들이 보고 있는 것으로 연결된다.

7. 개별적인 소비세의 법적측면에 대하여 설명하시오.

정답

	특성과 내용적 정리
개별적인 소비세의 법적측면	개개인들에 연결되는 조세적인 측면에 있어 살펴볼 때 특별적인 소비세의 법적측면이 2007년의 말 이후부터 개별적인 소비세의 법적측면이 고려되면서 명칭이 변경되기도 한 측면이 있다.

8. 달러 또는 엔화에 대한 자금 및 금에 대한 관심도의 증대 현상에 대하여 설명하시오.

정답

	특성과 내용적 정리
달러 또는 엔화에 대한 자금 및 금에 대한 관심도가 증대 현상	2019년 하반기 한국경제와 관련하여서는 일부 전문가들은 한국경제 및 증시의 안정화가 이룩되어야 결국 생산적인 측면에 있어서 기업들에게 안정적인 자금 공급이 되고 경제 및 증시도 활력을 되찾을 것으로 판단하고 있다. 이와 같은 일부 전문가들은 한국경제가 불확실성이 높아지면 결국 달러 또는 엔화에 대한 자금 선호 현상이 나타나고 금에 대한 관심도가 증대되는 이른바 안전자산과 관련된 선호측면이 부각될 수 있다고 판단하고 있기도 하다.

9. 기초생활에 대한 보장권의 확대에 대하여 설명하시오.

정답

	특성과 내용적 정리
기초생활에 대한 보장권의 확대	전문가들의 경우에 있어서 부의 형평성과 사회적인 복지 및 후생 극대화 측면에 있어서는 2019년 하반기 한국경제에 대하여 기초생활에 대한 보장권의 확대와 같은 주요 주제가 아직 남아있다고 주장하고 국채발행과 관련하여 가능성이 있는지 주목하고 있기도 하다. 이와 같이 부의 형평성과 공정성도 중요한 의제이고 일부에서는 한국경제의 불확실성의 증대로 예를 들어, 금과 관련된 펀드나 가격과 같은 이슈에 주목하는 측면도 있다. 이는 한국을 비롯한 세계경제의 안정화가 결국에 있어서 경제 및 세제상 모두 선순환 구조를 가져갈 수 있다고 일부 전문가들은 의견을 개진하고 있는 상황이다.

10. 미국과 중국의 무역분쟁의 전개과정에서 자원측면에 대하여 설명하시오.

정답

	특성과 내용적 정리
미국과 중국의 무역분쟁의 전개과정 : 자원	세계경제에 있어서는 미국과 중국의 무역분쟁의 원만한 해결이 무엇보다 세계경제에 중요할 것으로 판단된다. 미국과 중국의 무역분쟁이 격화될수록 희토류와 같은 자원이 중국에 의하여 이슈화되기도 한다고 일부 전문가들은 내다보고 있다.

인공지능과 공유경제, 부동산과 안전자산 투자

인공지능과
공유경제 및 세제

제1절   인공지능과 공유경제의 공정성 체계와 세제의 공평성

■ **그림 3-1** 영국정부채(10년)와 독일정부채(10년)의 금리 추이

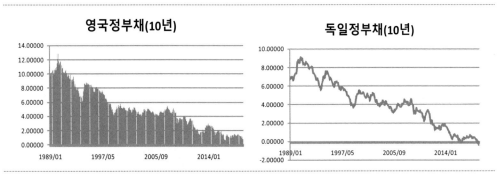

<그림 3-1>에는 영국정부채(10년)와 독일정부채(10년)의 금리 추이가 나타
나 기록되어 있다. 이 그래프의 데이터 기간에서 영국정부채(10년)와 독일정부채

(10년)의 금리 추이는 모두 1989년 1월부터 2019년 7월까지에 해당하는 월간자료이다.

영국정부채(10년)와 독일정부채(10년)의 금리의 단위는 연 %이다. 이 데이터는 한국은행에서 제공하는 홈페이지의 경제통계와 관련된 검색시스템에서 간편 검색이라는 사이트를 통하여 수집한 것이다.

시계열의 데이터상에서 미국에서와 같이 금리의 하향 안정화 현상이 뚜렷함을 여기서도 알 수 있는데, 이는 금융시장의 국제시장에서의 동조화 현상에서 비롯되는 것이다. 이는 한국의 경우에 있어서도 마찬가지의 현상이 발생되고 있는 것이다.

장단기 금리의 흐름에 있어서는 기초경제의 여건의 경우에도 중요한 영향을 받지만 국제간의 분업체제와 자유무역주의 및 보호무역주의 등 무역정책 등 다양한 변수들에 의해서도 영향을 받기도 한다. 이는 안정적인 석유자원의 확보와 국제간의 무역흐름 등 다양한 변수들이 이들 금융시장에도 영향을 미치기 때문이다.

이와 같은 금융시장의 안정에는 국가 내에서도 잠재성장률의 양호한 흐름과 생산가능인구의 적정성, 지역 간 또는 세대 간, 계층 간의 부의 평등성 등 다양한 이슈들에 의하여 영향을 받기도 한다.

일반적으로 세금의 역할은 모든 국민들에게 있어서 중립적인 측면이 있어야 하고 공평성이 있어야 한다. 이것이 파레토 효율성(Pareto efficiency)을 달성하는 데 있어서 매우 중요한 측면이 있다.[5]

■ **그림 3-2** 세금의 역할과 중립적인 측면 및 공평성

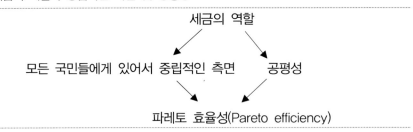

---

5) Stokey, N. L. and Rebelo, S.(1995), "Growth effects of flat−rate taxes", *Journal of Political Economy*, 103.

즉 자원이 골고루 분배되고 활용되고 사용되는 선순환 구조를 가질 수 있기 때문이다. 흔히 생산요소를 구성할 때 자본과 노동 그리고 더 나아가 토지분야를 대입하기도 한다. 하나의 국가를 형성하는 이와 같은 요소들이 효율적으로 낭비되거나 유휴되지 않고 사용되려면 중립적인 세제와 공평성이 있는 세제가 강조되는 것이다. 또한 세제적인 측면을 잘 활용하면 국민들에게 있어서 부의 평등성, 즉 빈부 격차도 완화시킬 수 있는 하나의 수단이 되기도 한다.

■ **그림 3-3** 중립적인 세제와 공평성이 있는 세제 및 부의 평등성

중립적인 세제와 공평성이 있는 세제

↓

생산요소를 구성할 때 자본과 노동 그리고 더 나아가 토지분야

↓

부의 평등성 및 빈부 격차도 완화

또한 불로소득에 대한 과세로 인하여 자금이 생산성 증대로 연결되도록 할 수도 있다. 이는 결국 기업들의 경쟁력 강화로 이어지고 이는 고용의 증대와 임금의 상승으로 소비가 촉진되고 결과적으로 국가 경제가 선순환 구조를 가져갈 수 있는 토대를 마련할 수도 있는 것이다.

■ **그림 3-4** 불로소득에 대한 과세와 자금의 생산성 증대로의 연결성

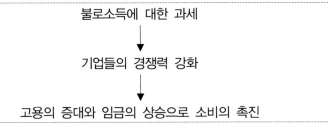

불로소득에 대한 과세

↓

기업들의 경쟁력 강화

↓

고용의 증대와 임금의 상승으로 소비의 촉진

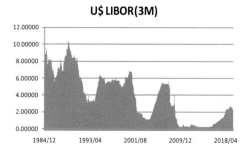

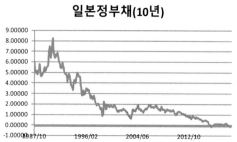

<그림 3-5>에는 U$ LIBOR(3M)와 일본정부채(10년)의 금리 추이가 나타나 기록되어 있다. 이 그래프의 데이터 기간에서 U$ LIBOR(3M)와 일본정부채(10년)의 금리 추이는 각각 1984년 12월부터 2019년 7월까지와 1987년 10월부터 2019년 7월까지에 해당하는 월간자료이다.

U$ LIBOR(3M)와 일본정부채(10년)의 금리의 단위는 연 %이다. 이 데이터는 한국은행에서 제공하는 홈페이지의 경제통계와 관련된 검색시스템에서 간편 검색이라는 사이트를 통하여 수집한 것이다.

이들 그래프에서도 살펴보면 금리의 하향 안정화 추세가 뚜렷한 것을 알 수 있는데, 이와 같은 흐름은 일정한 패턴을 보이든지 아니면 일본정부채(10년)과 같이 지속적인 하향 안정화 추세를 보이고 있는 것이다.

2019년 하반기 들어 미국의 경기에 대한 2020년 이후 전문가들의 일치된 견해가 하향적인 측면에 대한 것이었는데, 일부 전문가들은 2019년에도 이미 경기후퇴의 징조가 보이는 것이 아닌지 의구심을 갖고 있는 것이 현실이다. 이에 따라 미국의 경우 현 정부가 주식이나 노동자의 급여 부분에 있어서의 자본소득과 관련된 세금의 인하에 대한 검토되고 있는 것이다.

	특성과 내용적 정리
세금의 역할과 파레토 효율성 및 부의 평등성	일반적으로 세금의 역할은 모든 국민들에게 있어서 중립적인 측면이 있어야 하고 공평성이 있어야 한다. 이것이 파레토 효율성(Pareto efficiency)을 달성하는 데 있어서 매우 중요한 측면이 있다. 즉 자원이 골고루 분배되고 활용되고 사용되는 선순환 구조를 가질 수 있기 때문이다. 흔히 생산요소를 구성할 때 자본과 노동 그리고 더 나아가 토지분야를 대입하기도 한다. 하나의 국가를 형성하는 이와 같은 요소들이 효율적으로 낭비되거나 유휴되지 않고 사용되려면 중립적인 세제와 공평성이 있는 세제가 강조되는 것이다. 또한 세제적인 측면을 잘 활용하면 국민들에게 있어서 부의 평등성, 즉 빈부 격차도 완화시킬 수 있는 하나의 수단이 되기도 한다. 또한 불로소득에 대한 과세로 인하여 자금이 생산성 증대로 연결되도록 할 수도 있다. 이는 결국 기업들의 경쟁력 강화로 이어지고 이는 고용의 증대와 임금의 상승으로 소비가 촉진되고 결과적으로 국가 경제가 선순환 구조를 가져갈 수 있는 토대를 마련할 수도 있는 것이다.

일부 전문가들은 물론 과도한 세제의 부담은 국가 경제의 활력을 저해하고 조세의 전가 문제 등이 발생할 수 있는 부작용을 지적하기도 한다. 또한 민간부문에 있어서의 효율성이 저해되고 세금의 증가는 민간부문에서 정부 또는 공공부문으로의 자금 이동으로 민간부문이 위축되어 경제의 악순환과정 또는 민간경기의 침체를 가져올 수도 있다고 주장하기도 한다.

세금이 부의 형평성과 공정성, 공평성 등을 제고할 수는 있지만 민간경기에 있어서의 자금이 정부부문으로 이전되는 것과 같은 영향을 주기 때문에 경제 활력에는 도움이 안 된다고 일부 전문가들이 지적하고 있는 것이다.

	특성과 내용적 정리
과도한 세제의 부담과 국가 경제에 대한 활력의 저해	일부 전문가들은 물론 과도한 세제의 부담은 국가 경제의 활력을 저해하고 조세의 전가 문제 등이 발생할 수 있는 부작용을 지적하기도 한다. 또한 민간부문에 있어서의 효율성이 저해되고 세금의 증가는 민간부문에서 정부 또는 공공부문으로의 자금 이동으로 민간부문이 위축되어 경제의 악순환과정 또는 민간경기의 침체를 가져올 수도 있다고 주장하기도 한다.

■ **그림 3-6** 과도한 세제의 부담에 의한 국가 경제에 대한 활력의 저해 측면의 주장

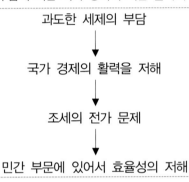

과도한 세제의 부담

↓

국가 경제의 활력을 저해

↓

조세의 전가 문제

↓

민간 부문에 있어서 효율성의 저해

■ **표 3-3** 세금과 사회 인프라 투자의 관계

	특성과 내용적 정리
세금과 사회 인프라 투자의 관계	정부에서 꼭 투자하여야 하는 분야에 대한 투자라든지 사회 인프라구축과 같이 꼭 필요한 투자도 세금을 통하여 할 수 있다. 물론 세금을 통한 공공부문의 증대에 있어서 가장 문제가 되는 무임승차와 관련된 문제를 해결할 수 있는 방향도 제시되어야 한다고 일부 전문가들은 지적하고 있다.

결과적으로 이는 재정학적인 영역인데 정부에서 꼭 투자하여야 하는 분야에 대한 투자라든지 사회 인프라구축과 같이 꼭 필요한 투자도 세금을 통하여 할 수 있다. 물론 세금을 통한 공공부문의 증대에 있어서 가장 문제가 되는 무임승차와

관련된 문제를 해결할 수 있는 방향도 제시되어야 한다고 일부 전문가들은 지적하고 있다.

■ **그림 3-7** EURIBOR(3M)와 EURO-LIBOR(3M)의 금리 추이

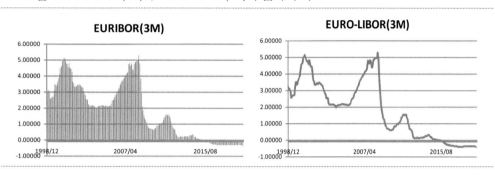

<그림 3-7>에는 EURIBOR(3M)와 EURO-LIBOR(3M)의 금리 추이가 나타나 기록되어 있다. 이 그래프의 데이터 기간에서 EURIBOR(3M)와 EURO-LIBOR(3M)의 금리 추이는 모두 1998년 12월부터 2019년 7월까지에 해당하는 월간자료이다.

EURIBOR(3M)와 EURO-LIBOR(3M) 금리의 단위는 연 %이다. 이 데이터는 한국은행에서 제공하는 홈페이지의 경제통계와 관련된 검색시스템에서 간편 검색이라는 사이트를 통하여 수집한 것이다.

■ **그림 3-8** 세금의 증가와 민간 경제와의 관계도

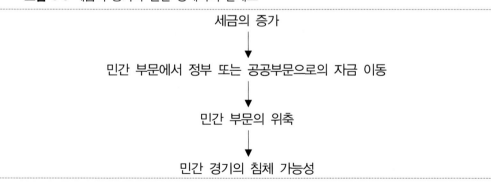

■ **그림 3-9** 세금과 사회 인프라 투자의 관계도

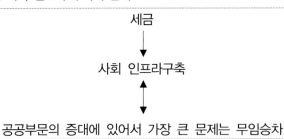

또한 세금의 경우 규칙이 단순하고 명확 또는 확실한 성격을 지녀야 한다고 전문가들은 지적하고 있다. 적어도 세금을 납부하는 사람이 왜 이와 같은 정도의 세금을 납부하며, 이와 같은 세금이 어디에 쓰이는지 정도는 알아야 한다고 전문가들은 지적하고 있는 것이다. 그리고 이는 기업과 개인 모두에게 있어서 동일하게 적용되어야 한다고 이와 같은 전문가들은 주장하고 있다.

즉 세금을 납부하는 기업이나 개인들에게 있어서는 의무도 있지만 권리도 있다는 것이다. 물론 공평과세의 측면과 약자의 보호라는 국가적인 틀에서 볼 때 세금을 납부한 사람이나 기업이 납부한 만큼 비중적인 측면에서도 더 편익(benefit)을 가져갈 수 있는지 잘 살펴보아야 한다.

■ **표 3-4** 세금의 경우 규칙이 단순하고 명확 또는 확실한 성격

	특성과 내용적 정리
세금의 경우 규칙이 단순하고 명확 또는 확실한 성격	세금의 경우 규칙이 단순하고 명확 또는 확실한 성격을 지녀야 한다고 전문가들은 지적하고 있다. 적어도 세금을 납부하는 사람이 왜 이와 같은 정도의 세금을 납부하며, 이와 같은 세금이 어디에 쓰이는지 정도는 알아야 한다고 전문가들은 지적하고 있는 것이다. 그리고 이는 기업과 개인 모두에게 있어서 동일하게 적용되어야 한다고 이와 같은 전문가들은 주장하고 있다.

■ 표 3-5 공평과세와 편익(benefit)

	특성과 내용적 정리
공평과세와 편익	세금을 납부하는 기업이나 개인들에게 있어서는 의무도 있지만 권리도 있다는 것이다. 물론 공평과세의 측면과 약자의 보호라는 국가적인 틀에서 볼 때 세금을 납부한 사람이나 기업이 납부한 만큼 비중적인 측면에서도 더 편익(benefit)을 가져갈 수 있는지 잘 살펴보아야 한다.

■ 그림 3-10 공평과세와 편익(benefit)의 측면

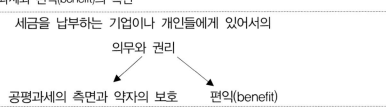

이는 공평과세와 형평성 측면에 있어서 소득에 따른 비례세제가 중요함을 전문가들이 지적하고 있기도 하기 때문이다. 물론 세금에 따른 정부의 투자 집행과 재정의 건전성의 고려 등 복합적으로 행정적으로 잘 이루어져야 한다고 전문가들은 주장하고 있다. 즉 비례세의 경우에 있어서는 소득이 높은 사람이 많은 세금을 부담하고 소득이 적은 사람은 적은 소득을 부담하는 특징을 지니고 있다.

■ 그림 3-11 £ LIBOR(3M)와 ¥ LIBOR(3M)의 금리 추이

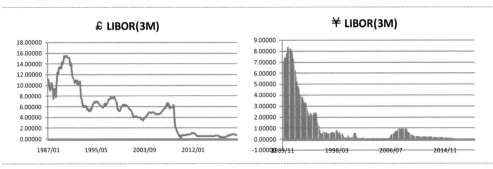

<그림 3-11>에는 £ LIBOR(3M)와 ¥ LIBOR(3M)의 금리 추이가 나타나 기록되어 있다. 이 그래프의 데이터 기간에서 £ LIBOR(3M)와 ¥ LIBOR(3M)의 금리 추이는 각각 1987년 1월부터 2019년 7월까지와 1989년 11월부터 2019년 7월까지에 해당하는 월간자료이다.

£ LIBOR(3M)와 ¥ LIBOR(3M)의 금리의 단위는 연 %이다. 이 데이터는 한국은행에서 제공하는 홈페이지의 경제통계와 관련된 검색시스템에서 간편 검색이라는 사이트를 통하여 수집한 것이다. 세계적인 금리 하향화 추세가 고스란히 반영되어 전개되고 있는 양상을 확인해 볼 수 있다.

■ **그림 3-12** 한국 KOSPI 회사 수(증감 기준)와 KOSPI 종목 수(증감 기준)의 추이

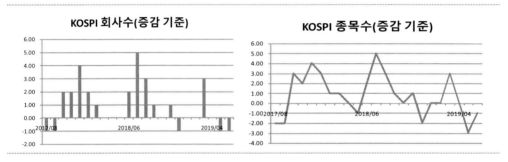

<그림 3-12>에는 한국 KOSPI 회사 수(증감 기준)와 KOSPI 종목 수(증감 기준)의 추이가 나타나 기록되어 있다. 이 그래프의 데이터 기간에서 한국 KOSPI 회사 수(증감 기준)와 KOSPI 종목 수(증감 기준)의 추이는 모두 2017년 8월부터 2019년 6월까지에 해당하는 월간자료이다.

한국 KOSPI 회사 수(증감 기준)와 KOSPI 종목 수(증감 기준)의 단위는 각각 회사와 종목이다. 이 데이터는 한국은행에서 제공하는 홈페이지의 경제통계와 관련된 검색시스템에서 간편 검색이라는 사이트를 통하여 수집한 것이다. 이 자료를 살펴보면 2019년 들어 한국 경기에 대한 불확실성이 증대되면서 한국 KOSPI 회사 수(증감 기준)와 KOSPI 종목 수(증감 기준)가 낮은 수준을 보이는 것을 알 수 있다.

표 3-6 공평과세와 형평성 및 소득에 따른 비례세제

	특성과 내용적 정리
공평과세와 형평성 및 소득에 따른 비례세제	공평과세와 형평성 측면에 있어서 소득에 따른 비례세제가 중요함을 전문가들이 지적하고 있기도 하기 때문이다. 물론 세금에 따른 정부의 투자 집행과 재정의 건전성의 고려 등 복합적으로 행정적으로 잘 이루어져야 한다고 전문가들은 주장하고 있다.

세계는 글로벌화되어 있는 정보통신분야에 있어서 SCM으로 이루어진 분업체제를 가지고 있다. 하지만 미국과 중국의 무역분쟁 및 한국과 일본의 무역 또는 경제와 관련된 이슈는 이와 같은 체제에 있어서 물류비용의 증가와 교역량의 위축을 가져와 세계 경제의 안정화에도 별다른 도움이 되지 않는다고 전문가들은 보고 있다.

그림 3-13 공평과세와 형평성 및 소득에 따른 비례세제의 관계

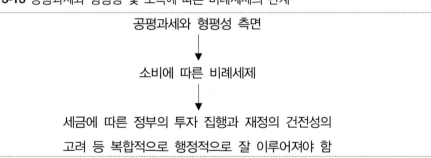

표 3-7 세계 경제와 글로벌 분업 체제

	특성과 내용적 정리
세계 경제와 글로벌 분업 체제	세계는 글로벌화되어 있는 정보통신분야에 있어서 SCM으로 이루어진 분업체제를 가지고 있다. 하지만 미국과 중국의 무역분쟁 및 한국과 일본의 무역 또는 경제와 관련된 이슈는 이와 같은 체제에 있어서 물류비용의 증가와 교역량의 위축을 가져와 세계 경제의 안정화에도 별다른 도움이 되지 않는다고 전문가들은 보고 있다.

이와 같은 세계적인 분업체제는 자유무역주의와 연결되어 있다. 세계는 2019년 들어 보호무역주의가 작동하는 것으로 판단되고 있다. 결국 보호무역주의는 세계의 무역규모에 있어서 부정적인 영향을 줄 수 있고 비교우위에 입각한 세계적인 분업 체제에도 부정적인 영향을 줄 수 있는 것이다.

한국의 경우 미국과 중국 등에 비교적 높은 무역규모를 보이고 있는데 향후 경제성장과 경기의 안정화 측면에서는 좋지 않은 영향을 받을 수 있는 것이 우려스러움을 전문가들은 지적하고 있는 것이다.

■ **그림 3-14** 정보통신분야에 있어서 세계 경제의 글로벌화와 분업체제

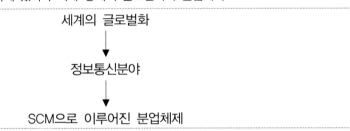

■ **그림 3-15** 한국 KOSPI 상장주식수(증감 기준)와 KOSPI 시가총액(증감 기준)의 추이

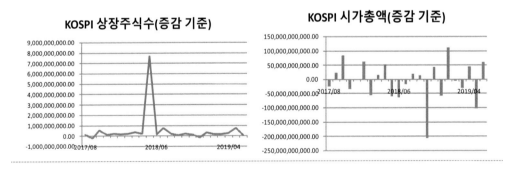

<그림 3-15>에는 한국 KOSPI 상장주식수(증감 기준)와 KOSPI 시가총액(증감 기준)의 추이가 나타나 기록되어 있다. 이 그래프의 데이터 기간에서 한국 KOSPI 상장주식수(증감 기준)와 KOSPI 시가총액(증감 기준)의 추이는 모두 2017년 8월부터 2019년 6월까지에 해당하는 월간자료이다.

한국 KOSPI 회사 수(증감 기준)와 KOSPI 종목 수(증감 기준)의 단위는 각각 주와 천원이다. 이 데이터는 한국은행에서 제공하는 홈페이지의 경제통계와 관련된 검색시스템에서 간편 검색이라는 사이트를 통하여 수집한 것이다.

2019년 하반기 들어 한국과 일본의 무역 및 경제와 관련된 이슈가 제기되고 있는데, 한국에 있어서 주식시장에서 일본의 투자가 상당 부분이 있고 2016년 이후 일본이 한국에 투자해서 배당을 받은 배당금도 상당액이 있는 것을 알 수 있다. 여기서 한국과 일본의 무역 및 경제와 관련된 이슈가 좋지 않은 쪽으로 진행될수록 노후와 관련된 자금의 운용에 있어서도 한국이나 일본 모두에게 부정적인 영향을 줄 수 있다고 일부 전문가들은 지적하고 있다.

주가의 경우 영업에 대한 실적으로 나타나는 것이 일반적인 현상으로 판단하고 있다. 따라서 미국과 중국의 무역에 관한 이슈와 한국과 일본의 무역에 대한 이슈가 경제와 무역, 증시에 부정적인 영향을 줄 경우 영업이익이 줄어들게 되어 주가의 흐름에 있어서도 부정적인 영향을 줄 수 있다.

한편 전문가들에 따르면 국내의 공유경제에 있어서는 승차공유의 플랫폼에 있어서 프로젝트를 진행하는 정보통신의 대기업들이 택시업계에 대하여 인수의향을 밝히면서 협력할 수 있는 체제를 가져가려고 하고 있다.

■ 그림 3-16 세계 무역분쟁과 세계 경제의 관계도

미국과 중국의 무역분쟁 및 한국과
일본의 무역 또는 경제와 관련된 분쟁

↓

물류비용의 증가와 교역량의 위축

↓

세계 경제의 안정화에 대한 부담 요인

	특성과 내용적 정리
국내의 공유경제에 있어서는 승차공유의 플랫폼 프로젝트	전문가들에 따르면 국내의 공유경제에 있어서는 승차공유의 플랫폼에 있어서 프로젝트를 진행하는 정보통신의 대기업들이 택시업계에 대하여 인수의향을 밝히면서 협력할 수 있는 체제를 가져가려고 하고 있다.

■ 그림 3-17 국내의 공유경제에 있어서는 승차공유의 플랫폼 프로젝트의 전개 방향

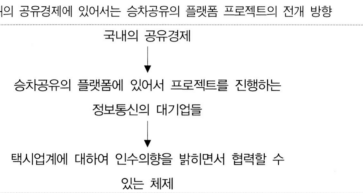

이와 같은 정보통신 기술이 복잡하게 얽혀서 발전하고 있는 인공지능 분야는 동남아도 각광을 받고 있는데 인도네시아의 경우에 있어서도 공유경제 특히 승차 공유 분야에 있어서 발전해 나가고 있다. 이는 오토바이를 비롯하여 다양한 운송 수단으로 확대되어 가고 있으며 투자도 확대되고 있다.

■ 그림 3-18 한국 KOSPI 거래량(증감 기준)과 KOSPI 거래대금(증감 기준)의 추이

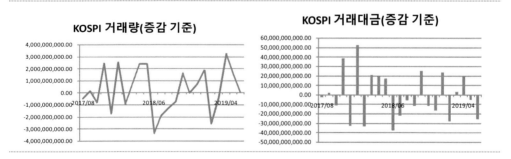

<그림 3-18>에는 한국 KOSPI 거래량(증감 기준)과 KOSPI 거래대금(증감 기준)의 추이가 나타나 기록되어 있다. 이 그래프의 데이터 기간에서 한국 KOSPI 거래량(증감 기준)과 KOSPI 거래대금(증감 기준)의 추이는 모두 2017년 8월부터 2019년 6월까지에 해당하는 월간자료이다.

한국 KOSPI 거래량(증감 기준)과 KOSPI 거래대금(증감 기준)의 단위는 각각 주와 천원이다. 이 데이터는 한국은행에서 제공하는 홈페이지의 경제통계와 관련된 검색시스템에서 간편 검색이라는 사이트를 통하여 수집한 것이다. 이들 자료들을 살펴보면 2019년 들어 한국경제의 불확실성이 반영된 결과로 좋은 흐름만 보이고 있다고 단정하기는 어려운 상황이다.

■ 표 3-9 동남아시아의 인공지능 분야와 공유경제

	특성과 내용적 정리
동남아시아의 인공지능 분야와 공유경제	정보통신 기술이 복잡하게 얽혀서 발전하고 있는 인공지능 분야는 동남아도 각광을 받고 있는데 인도네시아의 경우에 있어서도 공유경제 특히 승차공유 분야에 있어서 발전해 나가고 있다. 이는 오토바이를 비롯하여 다양한 운송수단으로 확대되어 가고 있으며 투자도 확대되고 있다.

그동안 동남아시아의 경우에 있어서 중화학공업의 2차 산업의 확대로 일자리 창출이 잘 이루어졌다고 확언할 수는 없다. 하지만 4차 산업혁명 중에서 인공지능과 같은 분야에 있어서는 일부 국가들에 있어서 잘 준비되고 있다.

이는 같은 아시아권에 있는 일부 선진국에 있어서 이와 같은 동남아시아의 일부 국가들보다 투자유치 측면에 있어서 반드시 우월한 지위를 갖고 있지 않음도 일부 전문가들은 지적하고 있다.

이와 같이 승차공유에서 동남아시아지역에서 일부 국가는 다양한 분야에서 인공지능을 기반으로 공유경제 측면에 있어서 빠르게 발전해 나가고 있는 것이다. 이는 한국경제에서도 살펴보아야 하는 측면이 있다고 일부 전문가들은 주장하고 있다.

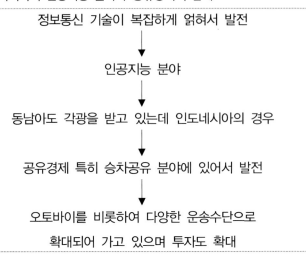

정보통신 기술이 복잡하게 얽혀서 발전

↓

인공지능 분야

↓

동남아도 각광을 받고 있는데 인도네시아의 경우

↓

공유경제 특히 승차공유 분야에 있어서 발전

↓

오토바이를 비롯하여 다양한 운송수단으로
확대되어 가고 있으며 투자도 확대

■ 표 3-10 인공지능 분야와 생태계

	특성과 내용적 정리
인공지능 분야와 생태계	인공지능 분야는 승차와 관련된 공유경제 체제와 더불어 영국의 세계적인 반도체(semiconductor)에 대한 설계자산의 업체가 낮게 책정되는 가격체제와 개방적인 생태계(ecology)를 특징으로 하여 발전해 나가고 있으며 투자 확대도 이루어지고 있다.

한편 이와 같은 인공지능 분야는 승차와 관련된 공유경제 체제와 더불어 영국의 세계적인 반도체(semiconductor)에 대한 설계자산의 업체가 낮게 책정되는 가격체제와 개방적인 생태계(ecology)를 특징으로 하여 발전해 나가고 있으며 투자 확대도 이루어지고 있다.

영국의 경우 제조업 분야보다는 금융업 분야에 있어서 세계적인 강점을 지니고 있다. 그리고 독일의 경우에는 영국과 달리 제조업 분야에 있어서도 강점을 지니고 있다. 영국은 금융업 분야에 특화를 시켰지만 독일의 경우와 같이 제조업 분야도 골고루 성장시키는 것이 일자리 창출에 더 도움이 되었을 수 있다고 내다보는 일부 전문가들도 있다.

한편 영국의 경우에 있어서는 최첨단 분야에 있어서 인공지능과 관련되고 공유경제 체제와도 관련이 있는 분야에 있어서 생태계를 만들고 해외 투자도 적극 유치하고 있다. 이와 같은 측면은 한국경제에서도 잘 지켜볼 필요가 있다고 일부 전문가들은 판단하고 있다.

■ **그림 3-20** 인공지능 분야와 투자의 관계도

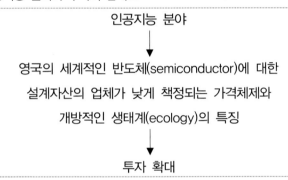

■ **그림 3-21** 한국 KOSPI 거래량 일평균(증감 기준)과 KOSPI 거래대금 일평균(증감 기준)의 추이

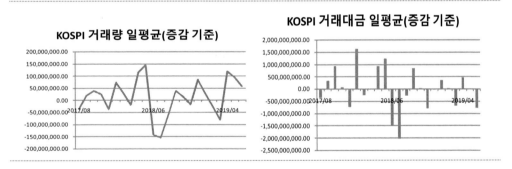

<그림 3-21>에는 한국 KOSPI 거래량 일평균(증감 기준)과 KOSPI 거래대금 일평균(증감 기준)의 추이가 나타나 기록되어 있다. 이 그래프의 데이터 기간에서 한국 KOSPI 거래량 일평균(증감 기준)과 KOSPI 거래대금 일평균(증감 기준)의 추이는 모두 2017년 8월부터 2019년 6월까지에 해당하는 월간자료이다.

한국 KOSPI 거래량(증감 기준)과 KOSPI 거래대금(증감 기준)의 단위는 각각 주와 천원이다. 이 데이터는 한국은행에서 제공하는 홈페이지의 경제통계와 관련된

검색시스템에서 간편 검색이라는 사이트를 통하여 수집한 것이다.

증권분석에 있어서는 기본적인 분석과 기술적인 분석이 있다. 기본적인 분석에 있어서는 한 나라에 있어서 거시경제변수의 요인과 산업 및 기업 단위에 영향을 주는 경제 및 산업분야와 같은 거시적인 경제 환경부터 살펴보는 것이다.

기술적인 분석은 차트 분석으로 알려져 있는 것으로 주로 미국과 일본을 중심으로 발전해 온 방식을 따라 살펴보는 것이 주류를 이루고 있다. 이와 같은 분석기법에 의하여 2010년대 이후 특히 발전을 거듭해 나가고 있다.

제2절 세제와 투자 효과

■ **그림 3-22** 인공지능 분야와 활용도의 측면과 환경의 관계도

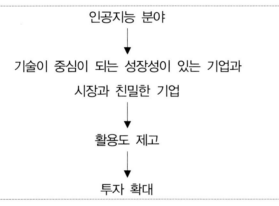

따라서 인공지능 분야는 기술이 중심이 되는 성장성이 있는 기업과 시장과 친밀한 기업 등이 인공지능 분야에 있어서 활용도를 제고해 줄 것으로 보고 있으며, 향후 투자도 확대되고 유망한 것으로 전문가들은 보고 있다.

이와 같은 인공지능 분야는 기존에 차세대 동력산업으로서 주목을 받고 있던 로봇산업을 비롯한 첨단 기술과 관련된 분야에 이어지면서 발전하고 있다. 이는 인력의 경우에도 마찬가지인데 기존의 로봇산업의 전문가들이 인공지능 분야와 연결하여 연구해 나가는 것과 같이 각종 첨단 기술을 가지고 있는 분야끼리 서로

연계되고 시너지효과를 발휘해 나갈 것으로 판단된다.

■ 표 3-11 인공지능 분야와 활용도

	특성과 내용적 정리
인공지능 분야와 활용도	인공지능 분야는 기술이 중심이 되는 성장성이 있는 기업과 시장과 친밀한 기업 등이 인공지능 분야에 있어서 활용도를 제고해 줄 것으로 보고 있으며, 향후 투자도 확대되고 유망한 것으로 전문가들은 보고 있다.

　　법인세율의 상승은 고용과 소득(가계)의 저하 및 경기침체로 이어질 수 있음이 미국의 경우에 실무적으로 연구되어 왔다고 일부 전문가들은 주장하고 있다. 즉 이와 같은 경우가 미국뿐만 아니라 한국에서도 발생할 수 있다고 이들은 보고 있는 것이다.

　　세제의 인상이 가계부문에 전가될 수 있는지 그리고 이에 따라 세제의 인상으로 인하여 제품가격의 인상이 이어질 경우 기업들의 판매량 저하가 결국 고용의 감소로 나타나고 개인소득에도 부정적인 영향을 줄 수도 있다는 측면이다.

■ 표 3-12 미국의 경우 법인세율의 상승과 고용과 소득(가계)의 관계

	특성과 내용적 정리
미국의 경우 법인세율의 상승과 고용과 소득(가계)의 관계	법인세율의 상승은 고용과 소득(가계)의 저하 및 경기침체로 이어질 수 있음이 미국의 경우에 실무적으로 연구되어 왔다고 일부 전문가들은 주장하고 있다. 즉 이와 같은 경우가 미국뿐만 아니라 한국에서도 발생할 수 있다고 이들은 보고 있는 것이다.

■ **그림 3-23** 미국의 경우 법인세율의 상승과 고용과 소득(가계)의 관계도

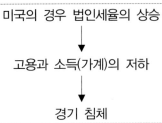

미국의 경우 법인세율의 상승

↓

고용과 소득(가계)의 저하

↓

경기 침체

세금은 주로 국세와 지방세로 구성되며, 자금의 흐름과 직접적인 관련성을 갖는다.[6] 이에 따라 부동산이나 펀드 등의 금융상품이 직접적으로 세금과 연계되는 것이다. 여기에는 어떠한 형태로 세금을 납부하여야 하느냐에 따라 직접세제와 간접세제로 나뉘는 등 구분이 있게 된다.

■ **그림 3-24** 세금의 구성

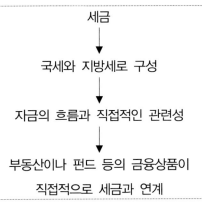

세금

↓

국세와 지방세로 구성

↓

자금의 흐름과 직접적인 관련성

↓

부동산이나 펀드 등의 금융상품이
직접적으로 세금과 연계

■ **표 3-13** 세제의 형태

	특성과 내용적 정리
세제의 형태	세금은 주로 국세와 지방세로 구성되며, 자금의 흐름과 직접적인 관련성을 갖는다. 이에 따라 부동산이나 펀드 등의 금융상품이 직접적

---

6) Engen, E. M. and Skinner, J.(1996), "Taxation and economic growth", *NBER Working Paper*, No. 5826.

으로 세금과 연계되는 것이다. 여기에는 어떠한 형태로 세금을 납부하여야 하느냐에 따라 직접세제와 간접세제로 나뉘는 등 구분이 있게 된다.

■ **그림 3-25** 세금 납부의 형태

세금 납부의 형태

↓

직접세제와 간접세제

또한 국제 협약과 관련하여 쌍무적인 세제 조약이 있는데, 여기에는 국제간에 있어서 정치적인 영향과 기초 경제적인 여건 등이 반영되어 결정된다. 따라서 개발도상국 지위라든가 선진국으로 인정되는 등 다양한 형태로 하여 국제 조세적인 영향도 받을 수도 있다고 전문가들은 보고 있다. 이와 같은 국제간에 있어서의 쌍무적인 세제 조약은 국제간의 사업과 프로젝트의 진행에 따라서 이전보다 늘어나는 양상을 나타내기도 한다.

■ **표 3-14** 국제간에 있어서의 쌍무적인 세제 조약

	특성과 내용적 정리
국제간에 있어서의 쌍무적인 세제 조약	국제 협약과 관련하여 쌍무적인 세제 조약이 있는데, 여기에는 국제간에 있어서 정치적인 영향과 기초 경제적인 여건 등이 반영되어 결정된다. 따라서 개발도상국 지위라든가 선진국으로 인정되는 등 다양한 형태로 하여 국제 조세적인 영향도 받을 수도 있다고 전문가들은 보고 있다. 이와 같은 국제간에 있어서의 쌍무적인 세제 조약은 국제간의 사업과 프로젝트의 진행에 따라서 이전보다 늘어나는 양상을 나타내기도 한다.

세제에 대하여는 한국에서 강화되는 측면도 있는데 2020년부터 장외거래 파생상품의 경우 증여세제가 도입되는 것도 2019년 하반기에 논의되고 있다. 이는

이른바 '금수저' 논란을 잠재우기 위한 국민의 정서를 반영한 측면도 있다고 전문가들은 주장한다.

이와 같이 세제가 강화되는 측면이 있는데 이는 경기의 현 상황과 함께 대외경제적인 여건이 함께 고려하여 결정되곤 한다. 증여세제와 상속세제의 경우 부의 편법적인 대물림 현상이 일어나지 않도록 하는 것에 대하여 그동안에도 논의되어오곤 하였다.

한국의 경우에 있어서도 이와 같은 측면은 부의 공평성에 기인하여 국민들 누구에게나 공평한 기회가 주어져야겠다는 측면에서 그동안도 줄곧 연구되거나 논의되어 온 것이다. 이는 국민들 누구에게나 행복할 권리가 있듯이 부의 극심한 차이가 발생되면 결국 경기의 침체와 함께 국가 경제의 발전에 좋지 않은 영향을 줄 수 있기 때문이다.

■ **그림 3-26** 국제간에 있어서의 쌍무적인 세제 조약

국제간에 있어서 정치적인 영향과 기초 경제적인 여건 등이 반영

↓

국제 협약과 관련하여 쌍무적인 세제 조약

↓

개발도상국 지위라든가 선진국으로 인정되는 등
다양한 형태로 하여 국제 조세적인 영향

↓

국제간에 있어서의 쌍무적인 세제 조약은 국제간의 사업과
프로젝트의 진행에 따라서 이전보다 늘어나는 양상

■ **그림 3-27** 한국 KOSPI 평균(증감 기준)과 KOSPI 종가(증감 기준)의 추이

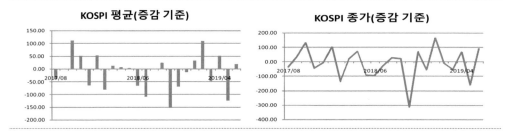

<그림 3-27>에는 한국 KOSPI 평균(증감 기준)과 KOSPI 종가(증감 기준)의 추이가 나타나 기록되어 있다. 이 그래프의 데이터 기간에서 한국 KOSPI 평균(증감 기준)과 KOSPI 종가(증감 기준)의 추이는 모두 2017년 8월부터 2019년 6월까지에 해당하는 월간자료이다.

한국 KOSPI 평균(증감 기준)과 KOSPI 종가(증감 기준)의 단위는 모두 1980. 01.04 = 100이다. 이 데이터는 한국은행에서 제공하는 홈페이지의 경제통계와 관련된 검색시스템에서 간편 검색이라는 사이트를 통하여 수집한 것이다.

한편 주식과 달리 채권형의 펀드의 경우 경기침체에 따른 금리의 하락이 발생할 때 채권가격의 상승과 맞물리어 투자의 증대로 이어질 수 있다. 따라서 금리와 채권 가격은 역의 관계이기 때문에 금리가 하락하면 채권가격은 상승하고 반대로 금리가 상승하면 채권가격은 하락하는 구조를 가지고 있다.

■ **그림 3-28** 한국 KOSPI 배당수익률(증감 기준)과 KOSPI 상장주식 회전율(증감 기준)의 추이

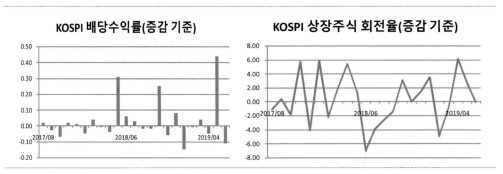

<그림 3-28>에는 한국 KOSPI 배당수익률(증감 기준)과 KOSPI 상장주식 회전율(증감 기준)의 추이가 나타나 기록되어 있다. 이 그래프의 데이터 기간에서 한국 KOSPI 배당수익률(증감 기준)과 KOSPI 상장주식 회전율(증감 기준)의 추이는 모두 2017년 8월부터 2019년 6월까지에 해당하는 월간자료이다.

한국 KOSPI 배당수익률(증감 기준)과 KOSPI 상장주식 회전율(증감 기준)의 단위는 모두 %이다. 이 데이터는 한국은행에서 제공하는 홈페이지의 경제통계와 관련된 검색시스템에서 간편 검색이라는 사이트를 통하여 수집한 것이다.

KOSPI는 외국인을 비롯하여 기관투자자 및 개인투자자들이 참여하고 있는데,

소버린(sovereign) 리스크(risk)가 한국은 그동안 비교적 안정적으로 나타난 것으로 파악되고 있다.

소버린(sovereign) 리스크(risk)라는 것은 일명 '컨트리리스크'와도 일맥 상통하는 것이다. 여기에는 국채의 가격 또는 국제적인 신용평가사들의 국가적인 신용등급, CDS프리미엄이라고 불리는 신용부도스와프의 프리미엄 등을 통하여 알 수 있다.

한편 대안자산펀드라는 투자상품이 있는데, 이는 원자재와 같은 것에 투자하는 것으로 원유펀드와 구리, 금, 리츠펀드와 부동산 등이 이에 해당하고 있다. 이와 같이 다양한 상품들에 투자하고 있는 것을 통칭하여 말하고 있다.

■ 그림 3-29 한국 KOSDAQ 회사수(증감 기준)과 KOSPI 주가수익비율(증감 기준)의 추이

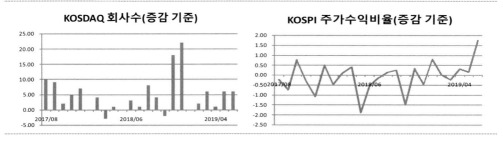

<그림 3-29>에는 한국 KOSDAQ 회사수(증감 기준)와 KOSPI 주가수익비율(증감 기준)의 추이가 나타나 기록되어 있다. 이 그래프의 데이터 기간에서 한국 KOSDAQ 회사수(증감 기준)와 KOSPI 주가수익비율(증감 기준)의 추이는 모두 2017년 8월부터 2019년 6월까지에 해당하는 월간자료이다.

한국 KOSDAQ 회사수(증감 기준)과 KOSPI 주가수익비율(증감 기준)의 단위는 각각 사와 배이다. 이 데이터는 한국은행에서 제공하는 홈페이지의 경제통계와 관련된 검색시스템에서 간편 검색이라는 사이트를 통하여 수집한 것이다. 주가수익비율은 이익과 주가를 대비하여 판단하는 지표를 의미한다.

2019년 하반기 들어 디지털경제의 시대에 몇 몇 선진국들은 다국적의 기업들에 대하여 조세의 회피방지를 하기 위한 세계 최저한세제에 대하여 논의를 준비 중에 있다고 전문가들은 보고 있다.

	특성과 내용적 정리
선진국들의 다(多)국적인 기업들에 대한 조세의 회피방지 노력	2019년 하반기 들어 디지털경제의 시대에 몇 몇 선진국들은 다(多)국적의 기업들에 대하여 조세의 회피방지를 하기 위한 세계 최저한 세제에 대하여 논의를 준비 중에 있다고 전문가들은 보고 있다.

■ **그림 3-30** 선진국들의 다(多)국적인 기업들에 대한 조세의 회피방지 노력

디지털경제의 시대에 몇몇 선진국들

↓

다(多)국적의 기업들에 대하여 조세의 회피방지를 하기 위한
세계 최저한세제에 대하여 논의

금리 인하시기에는 부동산과 관련하여서는 투자가들이 일명 '갭투자'라고 불리는 투자 또는 차입으로 인한 투자 등과 관련하여 수익을 높일 수 있는 부동산에 대한 관심이 늘어날 수 있다고 전문가들은 판단하고 있다. 하지만 단순히 금리 상황만 보아서는 안 되고 전반적인 경제적인 상황과 대외 경제적인 여건 및 국제정치적인 역학 관계 등을 두루 살펴보아야 한다.

미국 맨키유 교수가 마이너스 금리에 대한 정책에 대하여 이론적인 토대를 미국의 연방준비위원회(Fed)에 제공하고 일부 유럽국가와 일본이 실행한 바 있다. 이 정도는 아니어도 미국을 비롯하여 2020년 이후 한국이 지속적인 금리인하정책을 경기부양 차원에서 실시할지는 지켜보아야 하는 상황으로 전문가들은 판단하고 있다.

세계 경제 중에서 유럽과 일본의 경제가 중요한 하나의 축을 형성하고 있는데 결국 경기의 안정책으로 금리 인하가 적극적으로 검토되고 마이너스 금리라는 체제에까지 이어진 것이다.

일본은 아베 노믹스로 대표되는 경제정책을 표방해 온 바 있으며 2000년대 초부터 이와 같은 일본의 저금리에 따른 엔캐리 트레이드가 세계 금융시장에서

논의되고 있어 왔다. 이는 세계 경제에 있어서 경기가 위축될 때 일본 엔화에 대한 안전자산의 선호현상도 일어나기도 하여 일본에 대한 자금 유입이 일어나는 등 정책이 집행될 경우 즉시적으로 효과가 나지 않을 수도 있고 또한 반대적인 현상이 일어나기도 하는 것이 사회과학적인 경제의 흐름이다.

■ 표 3-16 금리인하정책과 경기부양 및 부동산 등 실물투자

	특성과 내용적 정리
금리인하정책과 경기부양 및 부동산 등 실물투자	금리 인하시기에는 부동산과 관련하여서는 투자가들이 일명 '갭투자'라고 불리는 투자 또는 차입으로 인한 투자 등과 관련하여 수익을 높일 수 있는 부동산에 대한 관심이 늘어날 수 있다고 전문가들은 판단하고 있다. 하지만 단순히 금리 상황만 보아서는 안 되고 전반적인 경제적인 상황과 대외 경제적인 여건 및 국제정치적인 역학관계 등을 두루 살펴보아야 한다. 미국 맨키유 교수가 마이너스 금리에 대한 정책에 대하여 이론적인 토대를 미국의 연방준비위원회(Fed)에 제공하고 일부 유럽국가와 일본이 실행한 바 있다. 이 정도는 아니어도 미국을 비롯하여 2020년 이후 한국이 지속적인 금리인하정책을 경기부양 차원에서 실시할지는 지켜보아야 하는 상황으로 전문가들은 판단하고 있다.

■ 그림 3-31 금리인하정책과 경기부양 및 부동산 등 실물투자

금리 인하 시기

↓

부동산과 관련하여서는 투자가들이 일명 '갭투자'라고 불리는 투자

또는 차입으로 인한 투자 등과 관련하여

수익을 높일 수 있는 부동산에 대한 관심 증가

↓

단순히 금리 상황만 보아서는 안 되고

전반적인 경제적인 상황과 대외 경제적인 여건 및

국제정치적인 역학 관계 등을 두루 살펴보아야 함

금리 인하의 경우 투자의 관계를 살펴보면, 한국의 경우 투자관련 지표들의 변동성이 매우 크기 때문에 데이터 상에서 실증적으로 분석(empirical test)하기 어려운 측면이 있기도 한데 이는 분석이 잘못 되었다고 하기보다는 투자관련 지표들의 변동성이 큰 것에서 기인할 수 있음을 알아야 한다.

■ **그림 3-32** 마이너스 금리의 정책과 유럽 및 일본경제

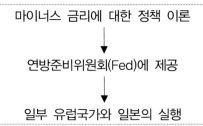

이와 같이 경기변동과 경기순환에 따른 국내외 정책 이외에도 한국과 일본 간의 무역에 관련된 이슈로 인하여 한국의 산업정책에서 부품 및 소재와 관련된 기업들과 관련하여 2019년 하반기 들어 우대금리의 적용을 검토해 나가고 있다.

■ **그림 3-33** 한국 KOSDAQ 상장주식수(증감 기준)과 KOSDAQ 종목수(증감 기준)의 추이

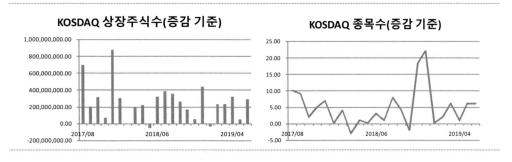

<그림 3-33>에는 한국 KOSDAQ 상장주식수(증감 기준)와 KOSDAQ 종목수(증감 기준)의 추이가 나타나 기록되어 있다. 이 그래프의 데이터 기간에서 한국 KOSDAQ 상장주식수(증감 기준)와 KOSDAQ 종목수(증감 기준)의 추이는 모두

2017년 8월부터 2019년 6월까지에 해당하는 월간자료이다.

한국 KOSDAQ 상장주식수(증감 기준)와 KOSDAQ 종목수(증감 기준)의 단위는 각각 주와 종목이다. 이 데이터는 한국은행에서 제공하는 홈페이지의 경제통계와 관련된 검색시스템에서 간편 검색이라는 사이트를 통하여 수집한 것이다.

2019년 하반기 들어 미국과 중국이 상대국가의 수출품에 대한 관세부과 시에 장단기 금리의 역전현상이 일어나고 이에 따라 주식시장에 부정적인 영향을 미치는 양상이 나타나고 있다.

<그림 3-34>에는 한국 KOSDAQ 거래량(증감 기준)과 KOSDAQ 시가총액(증감 기준)의 추이가 나타나 기록되어 있다. 이 그래프의 데이터 기간에서 한국 KOSDAQ 거래량(증감 기준)과 KOSDAQ 시가총액(증감 기준)의 추이는 모두 2017년 8월부터 2019년 6월까지에 해당하는 월간자료이다.

한국 KOSDAQ 거래량(증감 기준)과 KOSDAQ 시가총액(증감 기준)의 단위는 각각 주와 천원이다. 이 데이터는 한국은행에서 제공하는 홈페이지의 경제통계와 관련된 검색시스템에서 간편 검색이라는 사이트를 통하여 수집한 것이다.

미국의 경우 2019년 하반기 들어 장단기금리의 역전현상이 발생하는 이유는 향후 투자에 대한 수익률이 불확실해지기 때문으로 판단된다. 따라서 이와 같은 장단기금리의 역전현상이 자주 발생하거나 기간이 길어질수록 투자자들의 주식에 대한 투자가 줄어들 가능성도 배제할 수 없는 상황이 되는 것이다.

이는 안전자산에 대한 선호현상이 하나의 국가 내에서도 발생할 수 있고 금과 은 같은 실물자산을 기초로 하는 상품들의 경우에 있어서도 관심이 증가하게 되는 현상이 발생하는 것이다.

■ **그림 3-34** 한국 KOSDAQ 거래량(증감 기준)과 KOSDAQ 시가총액(증감 기준)의 추이

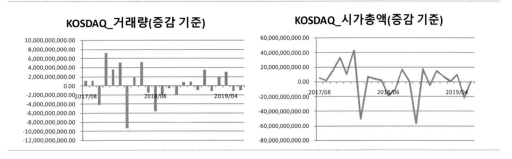

표 3-17 한국과 일본 간의 무역에 관련된 이슈와 산업정책 및 금리

	특성과 내용적 정리
한국과 일본 간의 무역에 관련된 이슈와 산업정책 및 금리	경기변동과 경기순환에 따른 국내외 정책 이외에도 한국과 일본 간의 무역에 관련된 이슈로 인하여 한국의 산업정책에서 부품 및 소재와 관련된 기업들과 관련하여 2019년 하반기 들어 우대금리의 적용을 검토해 나가고 있다.

그림 3-35 한국과 일본 간의 무역에 관련된 이슈와 산업정책 및 금리의 관계도

한국과 일본 간의 무역에 관련된 이슈

↓

한국의 산업정책에서 부품 및 소재와 관련된 기업들과 관련하여
2019년 하반기 들어 우대금리의 적용을 검토

2019년 하반기 들어 미국의 경우 장단기의 금리(interest rate)가 역전될 수 있음이 지적되고 있다. 이는 2020년 이후 미국의 경제가 호황을 보일 수 있을지 알 수 없다는 의미이기도 하다.

장단기 금리구조(term structure)는 물가상승률(inflation rate)에 따라서 단기금리보다 불확실성(uncertainty)의 차이만큼 프리미엄(premium)이 붙어서 거래되는 것을 의미한다. 즉 단기금리보다 장기금리가 높다는 것은 경기가 호황일 가능성이 커질 수 있다는 신호(signal)로도 생각할 수 있다.

하지만 단기금리보다 장기금리가 낮다는 것은 경기가 불황으로 접어들 가능성이 있다는 것을 의미한다. 이는 주식에 있어서는 경기에 대하여 민감한 주식보다는 경기에 대한 방어적인 성격을 갖는 주식을 주로 생각하고 투자하게 된다는 것을 의미한다. 그러면 이 경우에 있어서는 지수에 대한 의존도가 높은 주식보다는 그렇지 않은 주식에 대하여 관심을 가져야 한다.

	특성과 내용적 정리
장단기 금리의 기간에 걸친 구조와 주식	2019년 하반기 들어 미국의 경우 장단기의 금리가 역전될 수 있음이 지적되고 있다. 이는 2020년 이후 미국의 경제가 호황을 보일수 있을지 알 수 없다는 의미이기도 하다. 장단기 금리구조(term structure)는 물가상승률(inflation rate)에 따라서 단기금리보다 불확실성(uncertainty)의 차이만큼 프리미엄(premium)이 붙어서 거래되는 것을 의미한다. 즉 단기금리보다 장기금리가 높다는 것은 경기가 호황일 가능성이 커질 수 있다는 신호(signal)로도 생각할 수 있다. 하지만 단기금리보다 장기금리가 낮다는 것은 경기가 불황으로 접어들 가능성이 있다는 것을 의미한다. 이는 주식에 있어서는 경기에 대하여 민감한 주식보다는 경기에 대한 방어적인 성격을 갖는 주식을 주로 생각하고 투자하게 된다는 것을 의미한다. 그러면 이 경우에는 지수에 대한 의존도가 높은 주식보다는 그렇지 않은 주식에 대하여 관심을 가져야 한다.

■ 그림 3-36 미국의 장단기 금리 역전과 경기

미국의 경우 세계 금융시장에서 동조화의 현상으로 인하여 막대한 영향을 주고 있다. 따라서 미국의 경제와 금융의 흐름이 세계 모든 국가들에 있어서 영향을 줄 수밖에 없는 상황이다.

■ **그림 3-37** 단기금리보다 장기금리의 높은 수준과 경기 호황

장단기 금리구조(term structure)

↓

물가상승률(inflation rate)에 따라서 단기금리보다
불확실성(uncertainty)의 차이만큼 프리미엄(premium)이
붙어서 거래되는 것을 의미

↓

단기금리보다 장기금리가 높다는 것은
경기가 호황일 가능성이 커질 수 있다는
신호(signal)

■ **그림 3-38** 단기금리보다 장기금리가 낮은 경우와 경기의 불황

단기금리보다 장기금리가 낮다는 것은
경기가 불황으로 접어들 가능성이 있다는
것을 의미

↓

주식에 있어서는 경기에 대하여 민감한 주식보다는
경기에 대한 방어적인 성격을 갖는 주식을 주로 생각하고
투자하게 된다는 것을 의미

↓

지수에 대한 의존도가 높은 주식부류보다는
그렇지 않은 주식에 대하여 관심을 가져야 함

1. 인공지능 분야와 활용도에 대하여 설명하시오.

정답

　　인공지능 분야는 기술이 중심이 되는 성장성이 있는 기업과 시장과 친밀한 기업 등이 인공지능 분야에 있어서 활용도를 제고해 줄 것으로 보고 있으며, 향후 투자도 확대되고 유망한 것으로 전문가들은 보고 있다.

2. 미국의 경우 법인세율의 상승과 고용과 소득(가계)의 관계에 대하여 설명하시오.

정답

	특성과 내용적 정리
미국의 경우 법인세율의 상승과 고용과 소득(가계)의 관계	법인세율의 상승은 고용과 소득(가계)의 저하 및 경기침체로 이어질 수 있음이 미국의 경우에 실무적으로 연구되어 왔다고 일부 전문가들은 주장하고 있다. 즉 이와 같은 경우가 미국뿐만 아니라 한국에서도 발생할 수 있다고 이들은 보고 있는 것이다.

3. 세제의 형태에 대하여 설명하시오.

정답

	특성과 내용적 정리
세제의 형태	세금은 주로 국세와 지방세로 구성되며, 자금의 흐름과 직접적인 관련성을 갖는다. 이에 따라 부동산이나 펀드 등의 금융상품이 직접적으로 세금과 연계되는 것이다. 여기에는 어떠한 형태로 세금을 납부하여야 하느냐에 따라 직접세제와 간접세제로 나뉘는 등 구분이 있게 된다.

4. 국제간에 있어서의 쌍무적인 세제 조약에 대하여 설명하시오.

정답

	특성과 내용적 정리
국제간에 있어서의 쌍무적인 세제 조약	국제 협약과 관련하여 쌍무적인 세제 조약이 있는데, 여기에는 국제간에 있어서 정치적인 영향과 기초 경제적인 여건 등이 반영되어 결정된다. 따라서 개발도상국 지위라든가 선진국으로 인정된다든가 등 다양한 형태로 하여 국제 조세적인 영향도 받을 수도 있다고 전문가들은 보고 있다. 이와 같은 국제간에 있어서의 쌍무적인 세제 조약은 국제간의 사업과 프로젝트의 진행에 따라서 이전보다 늘어나는 양상을 나타내기도 한다.

5. 선진국들의 다(多)국적인 기업들에 대한 조세의 회피방지 노력에 대하여 설명하시오.

정답

	특성과 내용적 정리
선진국들의 다(多)국적인 기업들에 대한 조세의 회피방지 노력	2019년 하반기 들어 디지털경제의 시대에 몇 몇 선진국들은 다(多)국적의 기업들에 대하여 조세의 회피방지를 하기 위한 세계 최저한세제에 대하여 논의를 준비 중에 있다고 전문가들은 보고 있다.

6. 금리인하정책과 경기부양 및 부동산 등 실물투자에 대하여 설명하시오.

정답

	특성과 내용적 정리
금리인하정책과 경기부양 및 부동산 등 실물투자	금리 인하시기에는 부동산과 관련하여서는 투자가들이 일명 '갭투자'라고 불리는 투자 또는 차입으로 인한 투자 등과 관련하여 수익을 높일 수 있는 부동산에 대한 관심이 늘어날 수 있다고 전문가들은 판단하고 있다. 하지만 단순히 금리 상황만 보아서는 안되고 전반적인 경제적인 상황과 대외 경제적인 여건 및 국제정치적인 역학 관계 등을 두루 살펴보아야 한다. 미국 맨키유 교수가 마이너스 금리에 대한 정책에 대하여 이론적인 토대를 미국의 연방준비위원회(Fed)에 제공하고 일부 유럽국가와 일본이 실행한 바 있다. 이 정도는 아니어도 미국을 비롯하여 2020년 이후 한국이 지속적인 금리인하정책을 경기부양 차원

에서 실시할지는 지켜보아야 하는 상황으로 전문가들은 판단하고 있다.

7. 한국과 일본 간의 무역에 관련된 이슈와 산업정책 및 금리에 대하여 설명하시오.

정답

	특성과 내용적 정리
한국과 일본 간의 무역에 관련된 이슈와 산업정책 및 금리	경기변동과 경기순환에 따른 국내외 정책 이외에도 한국과 일본 간의 무역에 관련된 이슈로 인하여 한국의 산업정책에서 부품 및 소재와 관련된 기업들과 관련하여 2019년 하반기 들어 우대금리의 적용을 검토해 나가고 있다.

8. 장단기 금리의 기간에 걸친 구조와 주식에 대하여 설명하시오.

정답

　2019년 하반기 들어 미국의 경우 장단기의 금리가 역전될 수 있음이 지적되고 있다. 이는 2020년 이후 미국의 경제가 호황을 보일 수 있을지 알 수 없다는 의미이기도 하다.

　장단기 금리구조(term structure)는 물가상승률(inflation rate)에 따라서 단기금리보다 불확실성(uncertainty)의 차이만큼 프리미엄(premium)이 붙어서 거래되는 것을 의미한다. 즉 단기금리보다 장기금리가 높다는 것은 경기가 호황일 가능성이 커질 수 있다는 신호(signal)로도 생각할 수 있다.

　하지만 단기금리보다 장기금리가 낮다는 것은 경기가 불황으로 접어들 가능성이 있다는 것을 의미한다. 이는 주식에 있어서는 경기에 대하여 민감한 주식보다는 경기에 대한 방어적인 성격을 갖는 주식을 주로 생각하고 투자하게 된다는 것을 의미한다. 그러면 이 경우에 있어서는 지수에 대한 의존도가 높은 주식보다는 그렇지 않은 주식에 대하여 관심을 가져야 한다. 그렇지 않은 주식이라는 것은 결국 경기에 대한 방적인 성격을 갖는 주식을 의미하는데, 우리의 생활과 밀접하게 소비되는 생활필수품과 에너지와 관련된 주식 등 다양한 주식들이 해당될 수 있다고 생각된다.

국가 간의 무역관련 분쟁과
부동산 및 안전자산 선호

제1절   부동산 및 안전자산에 대한 투자와 경기 및 세제

■ **그림 4-1** 한국 KOSDAQ 거래량 일평균(증감 기준)과 KOSDAQ 거래대금(증감 기준)의 추이

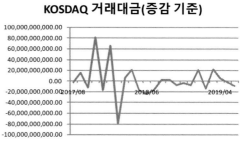

<그림 4-1>에는 한국 KOSDAQ 거래량 일평균(증감 기준)과 KOSDAQ 거래대금(증감 기준)의 추이가 나타나 기록되어 있다. 이 그래프의 데이터 기간에서 한국 KOSDAQ 거래량 일평균(증감 기준)과 KOSDAQ 거래대금(증감 기준)의 추이

는 모두 2017년 8월부터 2019년 6월까지에 해당하는 월간자료이다.

한국 KOSDAQ 거래량 일평균(증감 기준)과 KOSDAQ 거래대금(증감 기준)의 단위는 각각 주와 천원이다. 이 데이터는 한국은행에서 제공하는 홈페이지의 경제통계와 관련된 검색시스템에서 간편 검색이라는 사이트를 통하여 수집한 것이다.

이들과 관련된 코스닥의 경우 최근 들어 하향 안정화되어 있는 것을 알 수 있다. 이는 미국과 중국의 보복적인 관세부과 논의와 함께 일본의 수출규제와 관련된 이슈와 이에 대한 한국의 정책적인 방향 등이 부담요인으로 작용한 것으로 판단되고 있다.

한국과 일본의 수출관련 이슈가 2019년 하반기에 짙게 드리우고 있는데, 이 중에서 산업에 있어서는 수출비중이 가장 높은 분야에 있어서 가격 전망에 있어서 흐름에 대하여 시장에서는 매우 조심스럽게 지켜보고 있다.

■ **표 4-1** 한국의 경우 수출비중이 가장 높은 분야에 있어서 가격 전망

	특성과 내용적 정리
한국의 경우 수출비중이 가장 높은 분야에 있어서 가격 전망	한국과 일본의 수출관련 이슈가 2019년 하반기에 짙게 드리우고 있는데, 이 중에서 산업에 있어서는 수출비중이 가장 높은 분야에 있어서 가격 전망에 있어서 흐름에 대하여 시장에서는 매우 조심스럽게 지켜보고 있다.

한국의 경우 설비투자와 관련하여 기술적인 뒷받침이 될 수 있는 방안도 필요할 것으로 판단되고 있다. 이는 일반적으로 투자는 건설투자와 설비투자로 나뉘는데 미래 경기가 불확실할 경우 정책적인 방향에서 다각도로 접근하여야 한다는 것을 의미한다.

■ **표 4-2** 한국의 경우 설비투자와 관련하여 기술적인 뒷받침 방안 모색

	특성과 내용적 정리
한국의 경우 설비투자와	한국의 경우 설비투자와 관련하여 기술적인 뒷받침이 될 수 있는 방안도 필요할 것으로 판단되고 있다. 이는 일반적으로 투자는 건설

관련하여 기술적인 뒷받침 방안 모색	투자와 설비투자로 나누는데 미래 경기가 불확실할 경우 정책적인 방향에서 다각도로 접근하여야 한다는 것을 의미한다.

경기와 관련하여서 그리고 다른 한편으로 부의 공평성 등과 관련하여 기업과 관련된 세제에 대하여 지원방안이라든가 다각도로 접근하는 방법과 개인들에 있어서는 상위 부자들이 조금 더 세금을 납부하는 것이 더 타당한지와 관련하여 많은 논의들이 있어 오고 있다. 이는 국가 전체의 세제 체계에 있어서 직접세제와 간접세제 체제로 이어지면서 논의가 이어지고 있는 것이다.

▰ 표 4-3 부의 공평성과 직접세제와 간접세제

	특성과 내용적 정리
부의 공평성과 직접세제와 간접세제	경기와 관련하여서 그리고 다른 한편으로 부의 공평성 등과 관련하여 기업과 관련된 세제에 대하여 지원방안이라든가 다각도로 접근하는 방법과 개인들에 있어서는 상위 부자들이 조금 더 세금을 납부하는 것이 더 타당한지와 관련하여 많은 논의들이 있어 오고 있다. 이는 국가 전체의 세제 체계에 있어서 직접세제와 간접세제 체제로 이어지면서 논의가 이어지고 있는 것이다.

개인들의 경우 합리적인 방향에서 상속세와 관련하여서는 상속을 받게 된 이후 6개월의 내에서 양도할 때에는 취득가액 및 양도가액이 동일선상으로 놓이게 되어 양도차익과 관련된 이익이 없게 되어 양도소득세가 없을 수도 있지만 상속받은 금액이 클 경우에는 그렇지 않을 수 있다.

▰ 표 4-4 상속세와 양도소득세의 관계

	특성과 내용적 정리
상속세와 양도소득세의 관계	개인들의 경우 합리적인 방향에서 상속세와 관련하여서는 상속을 받게 된 이후 6개월의 내에서 양도할 때에는 취득가액 및 양도가액

이 동일선상으로 놓이게 되어 양도차익과 관련된 이익이 없게 되어 양도소득세가 없을 수도 있지만 상속받은 금액이 클 경우에는 그렇지 않을 수 있다.

세계의 각 국가들은 하나의 국가 단위에 있어서 현재의 경기상황과 국민소득 수준 및 부의 평등도 등을 살펴보아 가장 적합한 세제 체제를 유지하고 있다. 이는 결국 세제와 관련된 정책이 국가에서 중요한 역할을 하고 있음을 의미하며, 이와 같은 조세관련 정책의 유지 또는 변화가 부동산 정책을 비롯하여 금융 등 모든 자산 가치에 있어서도 중요하게 영향을 주는 것으로 인식될 수 있다.

■ **그림 4-2** 한국 KOSDAQ 종가(증감 기준)과 KOSDAQ 거래대금 일평균(증감 기준)의 추이

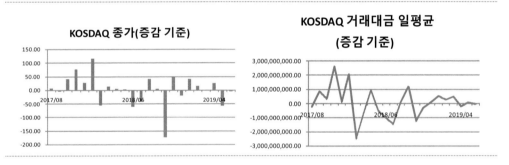

<그림 4-2>에는 한국 KOSDAQ 종가(증감 기준)와 KOSDAQ 거래대금 일평균(증감 기준)의 추이가 나타나 기록되어 있다. 이 그래프의 데이터 기간에서 한국 KOSDAQ 종가(증감 기준)와 KOSDAQ 거래대금 일평균(증감 기준)의 추이는 모두 2017년 8월부터 2019년 6월까지에 해당하는 월간자료이다.

한국 KOSDAQ 종가(증감 기준)와 KOSDAQ 거래대금 일평균(증감 기준)의 단위는 각각 1996.07.01=1000과 천원이다. 이 데이터는 한국은행에서 제공하는 홈페이지의 경제통계와 관련된 검색시스템에서 간편 검색이라는 사이트를 통하여 수집한 것이다.

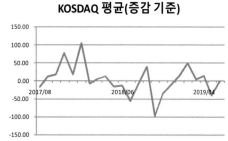

<그림 4-3>에는 한국 KOSDAQ 상장주식 회전율(증감 기준)과 KOSDAQ 평균(증감 기준)의 추이가 나타나 기록되어 있다. 이 그래프의 데이터 기간에서 한국 KOSDAQ 상장주식 회전율(증감 기준)과 KOSDAQ 평균(증감 기준)의 추이는 모두 2017년 8월부터 2019년 6월까지에 해당하는 월간자료이다.

한국 KOSDAQ 상장주식 회전율(증감 기준)과 KOSDAQ 평균(증감 기준)의 단위는 각각 %와 1996.07.01 = 1000이다. 이 데이터는 한국은행에서 제공하는 홈페이지의 경제통계와 관련된 검색시스템에서 간편 검색이라는 사이트를 통하여 수집한 것이다. 이와 같이 살펴본 주가지수와 관련된 데이터의 안정적인 흐름을 이어가기에는 대내외적인 경제와 금융시장의 안정이 필수적인 것으로 판단된다.

개인들의 투자와 관련하여서는 2019년 하반기 이후 소규모의 상가를 비롯한 부동산에 투자할 경우 역세권과 위치 등을 고려해야 하고, 수익보다는 시세차익을 더 남길 수 있는 곳이 유망하다는 것이 일부 전문가들의 견해이다.

■ **표 4-5** 소규모의 상가의 투자와 수익과 시세차익

	특성과 내용적 정리
소규모의 상가의 투자와 수익과 시세차익	개인들의 투자와 관련하여서는 2019년 하반기 이후 소규모의 상가를 비롯한 부동산에 투자할 경우 역세권과 위치 등을 고려해야 하고, 수익보다는 시세차익을 더 남길 수 있는 곳이 유망하다는 것이 일부 전문가들의 견해이다.

■ **그림 4-4** 소규모의 상가의 투자와 수익과 시세차익

개인들의 투자

↓

소규모의 상가를 비롯한 부동산에 투자할 경우
역세권과 위치 등을 고려

↓

수익보다는 시세차익을 더 남길 수 있는 곳이 유망

주식이든지 부동산이든 간에 자산(asset)의 경우 결국 경기와 밀접하게 움직일 수밖에 없는데, 해외경제를 살펴보면 일본의 경우 엔화의 경우 기축통화와 관련되어 있어서 엔화와 관련된 부채(debt)는 일본은행의 발권으로 상각해 나갈 수 있을 것으로 판단된다. 이는 일본경제가 세계경제에서 차지하는 비중이 결코 작지 않음을 의미한다.

■ **표 4-6** 엔화의 경우 기축통화와 관련된 통화

	특성과 내용적 정리
엔화의 경우 기축통화와 관련된 통화	주식이든지 부동산이든 간에 자산(asset)의 경우 결국 경기와 밀접하게 움직일 수밖에 없는데, 해외경제를 살펴보면 일본의 경우 엔화의 경우 기축통화와 관련되어 있어서 엔화와 관련된 부채(debt)는 일본은행의 발권으로 상각해 나갈 수 있을 것으로 판단된다. 이는 일본경제가 세계경제에서 차지하는 비중이 결코 작지 않음을 의미한다.

세제와 관련하여서는 국가적인 차원에서 경기활성화와 재정건전성 등을 보고 정책을 잘 집행해 나가고 있는데, 개별소비세법이라는 체제에서는 결과적으로 생활필수품의 경과와 사치품의 경우 중과와 관련되어 있다고 보는 견해가 있다. 즉 세제체계는 일반적으로 부의 형평성 및 공평성 등을 고려하여 정책적으로 잘 반영되고 있는 측면이 있는 것이다.

표 4-7 개별소비세법의 경우 생활필수품의 경과와 사치품 중과의 관련성

	특성과 내용적 정리
개별소비세법의 경우 생활필수품의 경과와 사치품 중과의 관련성	세제와 관련하여서는 국가적인 차원에서 경기활성화와 재정건전성 등을 보고 정책을 잘 집행해 나가고 있는데, 개별소비세법이라는 체제에서는 결과적으로 생활필수품의 경과와 사치품의 경우 중과와 관련되어 있다고 보는 견해가 있다. 즉 세제체계는 일반적으로 부의 형평성 및 공평성 등을 고려하여 정책적으로 잘 반영되고 있는 측면이 있는 것이다.

그림 4-5 개별소비세법의 경우 생활필수품의 경과와 사치품 중과의 관련성

개별소비세법

↓

생사필수품의 경과와 사치품의 경우 중과

2019년 하반기 들어 금융 및 세제와 관련하여서는 일부 전문가들 사이에서 증권거래와 관련하여 거래세의 폐지와 관련된 논의가 있지만 타당성이 있는지와 관련하여 많은 논의가 있는 상황이다. 한편 한국의 경우에 있어서 증권거래세가 약간 2019년 6월 들어 인하되기도 하였다.

표 4-8 증권거래세제의 개편 논의

	특성과 내용적 정리
증권거래세제의 개편 논의	금융 및 세제와 관련하여서는 일부 전문가들 사이에서 증권거래와 관련하여 거래세의 폐지와 관련된 논의가 있지만 타당성이 있는지와 관련하여 많은 논의가 있는 상황이다. 한편 한국의 경우에 있어서 증권거래세가 약간 2019년 6월 들어 인하되기도 하였다.

■ 그림 4-6 한국 산업별 서비스업생산지수(총지수, 불변지수, 증감 기준)와 산업별 서비스업생산지수(총지수, 경상지수, 증감 기준)의 추이

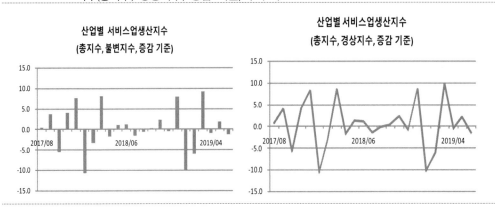

<그림 4-6>에는 한국 산업별 서비스업생산지수(총지수, 불변지수, 증감 기준)와 산업별 서비스업생산지수(총지수, 경상지수, 증감 기준)의 추이가 나타나 기록되어 있다. 이 그래프의 데이터 기간에서 한국 산업별 서비스업생산지수(총지수, 불변지수, 증감 기준)와 산업별 서비스업생산지수(총지수, 경상지수, 증감 기준)의 추이는 모두 2017년 8월부터 2019년 6월까지에 해당하는 월간자료이다.

한국 산업별 서비스업생산지수(총지수, 불변지수, 증감 기준)와 산업별 서비스업생산지수(총지수, 경상지수, 증감 기준)의 단위는 모두 2015＝100이다. 이 데이터는 한국은행에서 제공하는 홈페이지의 경제통계와 관련된 검색시스템에서 간편 검색이라는 사이트를 통하여 수집한 것이다.

■ 그림 4-7 한국 산업별 서비스업생산지수 중 수도, 하수 및 폐기물 처리, 원료 재생업(경상지수, 증감 기준)과 산업별 서비스업생산지수(총지수, 계절조정지수, 증감 기준)의 추이

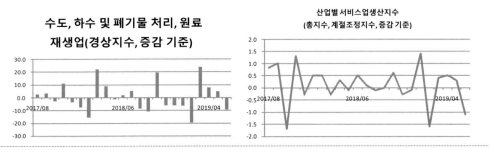

<그림 4-7>에는 한국 산업별 서비스업생산지수 중 수도, 하수 및 폐기물 처리, 원료 재생업(경상지수, 증감 기준)과 산업별 서비스업생산지수(총지수, 계절조정지수, 증감 기준)의 추이가 나타나 기록되어 있다. 이 그래프의 데이터 기간에서 한국 수도, 하수 및 폐기물 처리, 원료 재생업(경상지수, 증감 기준)과 산업별 서비스업생산지수(총지수, 계절조정지수, 증감 기준)의 추이는 모두 2017년 8월부터 2019년 6월까지에 해당하는 월간자료이다.

한국 수도, 하수 및 폐기물 처리, 원료 재생업(경상지수, 증감 기준)과 산업별 서비스업생산지수(총지수, 계절조정지수, 증감 기준)의 단위는 모두 2015=100이다. 이 데이터는 한국은행에서 제공하는 홈페이지의 경제통계와 관련된 검색시스템에서 간편검색이라는 사이트를 통하여 수집한 것이다. 한국의 경우에 있어서 서비스업에서 각종 국내외 경제정책들과 관련하여 어떠한 영향을 받고 있는지 살펴본 것이다. 서비스업의 경우에 있어서 국내외 경제변수들의 안전이 중요할 것으로 판단된다.

일부 전문가들은 국채의 확대추진의 논의가 있는 상황이다. 물론 다른 전문가들은 국채의 발행에 있어서는 재정건전성을 비롯한 대내외 경제의 여건 등을 잘 고려하여야 한다는 측면을 주장하고 있기도 하다.

■ 표 4-9 국채의 확대추진 논의

	특성과 내용적 정리
국채의 확대추진 논의	일부 전문가들은 국채의 확대추진의 논의가 있는 상황이다. 물론 다른 전문가들은 국채의 발행에 있어서는 재정건전성을 비롯한 대내외 경제의 여건 등을 잘 고려하여야 한다는 측면을 주장하고 있기도 하다.

■ 표 4-10 미국의 경제와 관세부과 금리인하정책

	특성과 내용적 정리
미국의 경제와 관세부과 금리인하정책	해외 경제흐름과 관련하여 미국과 중국 간에 있어서 무역이슈가 중요하게 다루어지는데 결국 경제학적인 측면에 있어서는 관세부과는 소비자들에게 전가되는 문제를 생각해 보아야 한다는 것이 시장에서의 판단이다. 즉 미국의 관세부과가 미국의 소비자들에게 있어서

부담요인으로 발생할 수도 있다는 것이다.

비슷한 논리가 트럼프대통령 집권 초기에 미국의 자국 내의 투자가 강조되어 결국 세계적인 분업의 이익을 통하여 저렴한 가격으로 소비자들이 소비하던 혜택이 줄어들지 않을까 하는 우려가 높았지만 현실적으로는 전통적인 경제학의 필립스곡선의 이론이 잘 맞고 있다고 보기 보다는 경제학 교과서로서도 설명이 힘든 낮은 실업률과 낮은 물가상승률이 지속되고 있다.

물론 2020년 이후 일부 전문가들은 미국의 경기호황을 지날 수 있다고 우려하고 있어서 계속적으로 이와 같은 흐름이 지속될지 지켜보아야 한다는 것이 시장의 입장이다. 이에 따라 미국의 경우 금리인하가 이어질 수 있을지에 대하여도 일부 전문가들은 지켜보아야 한다는 판단을 갖고 있다.

또한 이들 중 일부는 2019년에 이미 미국이 불황에 접어들었는지도 모른다는 의견을 내고 있다. 이는 미국의 경제와 관련된 지표들이 상반되거나 예측과 달리 발표될 때 대두되고 있다.

해외 경제흐름과 관련하여 미국과 중국 간에 있어서 무역이슈가 중요하게 다루어지는데 결국 경제학적인 측면에 있어서는 관세부과는 소비자들에게 전가되는 문제를 생각해 보아야 한다는 것이 시장에서의 판단이다. 즉 미국의 관세부과가 미국의 소비자들에게 있어서 부담요인으로 발생할 수도 있다는 것이다.

비슷한 논리가 트럼프대통령 집권 초기에 미국의 자국 내의 투자가 강조되어 결국 세계적인 분업의 이익을 통하여 저렴한 가격으로 소비자들이 소비하던 혜택이 줄어들지 않을까 하는 우려가 높았지만 현실적으로는 전통적인 경제학의 필립스곡선의 이론이 잘 맞고 있다고 보기 보다는 경제학 교과서로서도 설명이 힘든 낮은 실업률과 낮은 물가상승률이 지속되고 있다.

물론 2020년 이후 일부 전문가들은 미국의 경기호황을 지날 수 있다고 우려하고 있어서 계속적으로 이와 같은 흐름이 지속될지 지켜보아야 한다는 것이 시장의 입장이다. 이에 따라 미국의 경우 금리인하가 이어질 수 있을지에 대하여도 일부 전문가들은 지켜보아야 한다는 판단을 갖고 있다.

또한 이들 중 일부는 2019년에 이미 미국이 불황에 접어들었는지도 모른다는 의견을 내고 있다. 이는 미국의 경제와 관련된 지표들이 상반되거나 예측과 달리 발표될 때 대두되고 있다.

이와 같은 미국을 중심으로 경기의 불확실성이 커질 경우에는 세계적으로 안전자산에 대한 선호현상이 나타나는데 대표적인 것이 금과 관련된 관심이다. 이는 경기와 관련된 기업들의 실적지표나 장단기금리의 기간 간 구조가 역으로 나타날 경우에도 경기에 대한 우려감이 표출되곤 하고 있는 것이다.

■ 표 4-11 장단기금리의 기간 간 구조와 안전자산 선호

	특성과 내용적 정리
장단기금리의 기간 간 구조와 안전자산 선호	미국을 중심으로 경기의 불확실성이 커질 경우에는 세계적으로 안전자산에 대한 선호현상이 나타나는데 대표적인 것이 금과 관련된 관심이다. 이는 경기와 관련된 기업들의 실적지표나 장단기금리의 기간 간 구조가 역으로 나타날 경우에도 경기에 대한 우려감이 표출되곤 하고 있는 것이다.

■ 그림 4-8 경기의 불확실성과 안전자산에 대한 선호현상

경기 불확실성의 증대

↓

안전자산에 대한 선호 : (예) 금

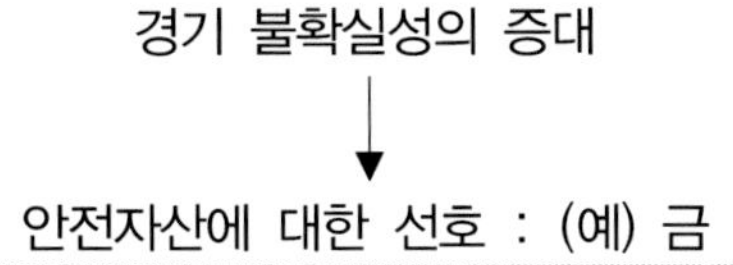

■ 그림 4-9 기업들의 실적지표와 장단기금리의 기간 간 구조 및 경기

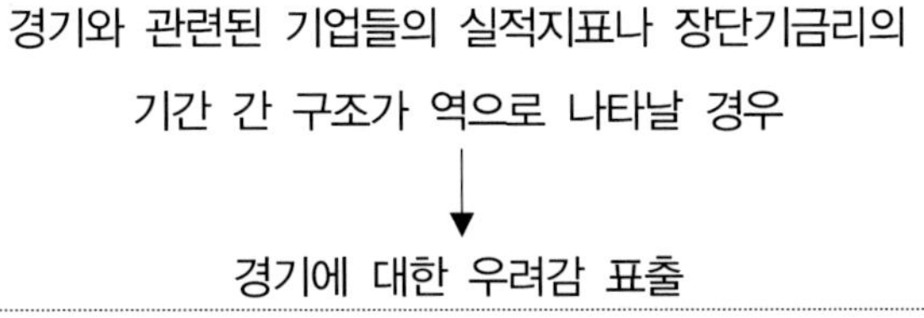

경기와 관련된 기업들의 실적지표나 장단기금리의
기간 간 구조가 역으로 나타날 경우

↓

경기에 대한 우려감 표출

제2절 국가 간의 무역관련 분쟁과 주가에 대한 영향

한국의 경우 국내경기와 관련된 이슈들과 함께 대외경제적인 이슈들이 2019년 하반기 들어 함께 복합적으로 작용할 가능성이 있어서 지방세제의 경우 지역

경제에 대한 활력을 되찾기 위한 노력이 진행되고 있다.

■ **표 4-12** 지방세제와 지역경제의 활성화

	특성과 내용적 정리
지방세제와 지역경제의 활성화	한국의 경우 국내경기와 관련된 이슈들과 함께 대외경제적인 이슈들이 2019년 하반기 들어 함께 복합적으로 작용할 가능성이 있어서 지방세제의 경우 지역경제에 대한 활력을 되찾기 위한 노력이 진행되고 있다.

■ **그림 4-10** 한국 산업별 서비스업생산지수 중 자동차 및 부품판매업(경상지수, 증감 기준)과 도매 및 소매업(경상지수, 증감 기준)의 추이

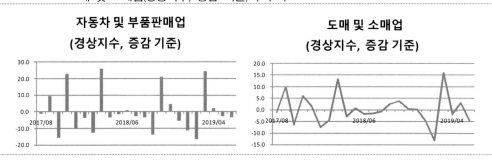

<그림 4-10>에는 한국 산업별 서비스업생산지수 중 자동차 및 부품판매업 (경상지수, 증감 기준)과 도매 및 소매업(경상지수, 증감 기준)의 추이가 나타나 기록 되어 있다. 이 그래프의 데이터 기간에서 한국 자동차 및 부품판매업(경상지수, 증감 기준)과 도매 및 소매업(경상지수, 증감 기준)의 추이는 모두 2017년 8월부터 2019년 6월까지에 해당하는 월간자료이다.

한국 자동차 및 부품판매업(경상지수, 증감 기준)과 도매 및 소매업(경상지수, 증감 기준)의 단위는 모두 2015＝100이다. 이 데이터는 한국은행에서 제공하는 홈페이지의 경제통계와 관련된 검색시스템에서 간편 검색이라는 사이트를 통하여 수집한 것이다.

■ **표 4-13** 조세정책 시 고려되는 공정성과 효과성

	특성과 내용적 정리
조세정책 시 고려되는 공정성과 효과성	세제에 있어서 집행과 관련하여서는 공정성과 함께 효과성을 따져 보고 있다. 경기가 침체되어 있을 경우에는 비과세와 관련하여 개편 필요성이 있는지도 살펴보곤 한다. 그리고 세제는 산업에 있어서 기술적인 발달 단계와 상업적인 지원체계와도 연계되어 있다.

세제에 있어서 집행과 관련하여서는 공정성과 함께 효과성을 따져 보고 있다. 경기가 침체되어 있을 경우에는 비과세와 관련하여 개편 필요성이 있는지도 살펴 보곤 한다. 그리고 세제는 산업에 있어서 기술적인 발달 단계와 상업적인 지원체계와도 연계되어 있다. 세제와 관련하여서는 기업단위에 있어서 부품 및 소재 그리고 연구개발에 있어서 중요한 요인이 될 수 있다.

■ **그림 4-11** 조세정책 시 고려되는 공정성과 효과성

조세정책 시 고려되는 공정성과 효과성

↓

경기가 침체되어 있을 경우 비과세와 관련하여 개편 필요성

↓

세제는 산업에 있어서 기술적인 발달 단계와
상업적인 지원체계와도 연계

■ **그림 4-12** 한국 산업별 서비스업생산지수 중 도매업(경상지수, 증감 기준)과 자동차 판매업(경상지수, 증감 기준)의 추이

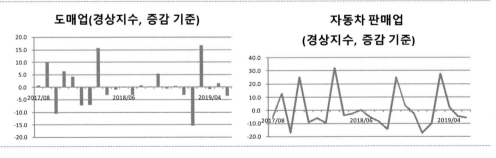

<그림 4-12>에는 한국 산업별 서비스업생산지수 중 도매업(경상지수, 증감 기준)과 자동차 판매업(경상지수, 증감 기준)의 추이가 나타나 기록되어 있다. 이 그 래프의 데이터 기간에서 한국 산업별 서비스업생산지수 중 도매업(경상지수, 증감 기준)과 자동차 판매업(경상지수, 증감 기준)의 추이는 모두 2017년 8월부터 2019년 6월까지에 해당하는 월간자료이다.

한국 산업별 서비스업생산지수 중 도매업(경상지수, 증감 기준)과 자동차 판매업 (경상지수, 증감 기준)의 단위는 모두 2015＝100이다. 이 데이터는 한국은행에서 제 공하는 홈페이지의 경제통계와 관련된 검색시스템에서 간편 검색이라는 사이트를 통하여 수집한 것이다.

2019년 하반기 들어 국제간에 있어서 세제의 체제 및 영향을 살펴볼 때 미국 의 경우 멕시코와의 무역에 있어서 멕시코에 대하여 토마토와 관련하여 취하려고 한 미국의 관세부과 정책이 일단락되면서 미국 금리에 있어서 상승하는 모습을 나타내기도 하였다. 이와 같이 미국을 비롯한 금리정책에는 유동성 이외에 실물경 제 지표 및 무역과 관련된 정책적인 방향성 등이 함께 고려되어야 한다.

한편 미국과 중국의 보복관세 부과가 이어질 때 세계경제에서 무역규모가 줄 어들고 이에 따라 국제 분업의 이익에 따른 저렴한 가격에 비교우위에서 각국별 로 생산되어 수출되고 수입되는 자유무역주의의 장점과 소비자들에게 피해가 없 도록 각국들은 세밀한 정책을 잘 집행해 나가고 있는 중이다.

▬ 표 4-14 미국의 금리정책에 영향을 주는 요인

	특성과 내용적 정리
미국의 금리정책에 영향을 주는 요인	국제간에 있어서 세제의 체제 및 영향을 살펴볼 때 미국의 경우 멕 시코와의 무역에 있어서 멕시코에 대하여 토마토와 관련하여 취하 려고 한 미국의 관세부과 정책이 일단락되면서 미국 금리에 있어서 상승하는 모습을 나타내기도 하였다. 이와 같이 미국을 비롯한 금리 정책에는 유동성 이외에 실물경제 지표 및 무역과 관련된 정책적인 방향성 등이 함께 고려되어야 한다.

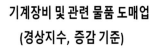

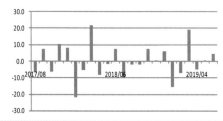

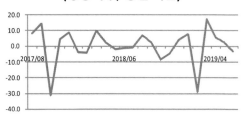

<그림 4-13>에는 한국 산업별 서비스업생산지수 중 기계장비 및 관련 물품 도매업(경상지수, 증감 기준)과 음식료품 및 담배 도매업(경상지수, 증감 기준)의 추이가 나타나 기록되어 있다. 이 그래프의 데이터 기간에서 한국 산업별 서비스업생산지수 중 기계장비 및 관련 물품 도매업(경상지수, 증감 기준)과 음식료품 및 담배 도매업(경상지수, 증감 기준)의 추이는 모두 2017년 8월부터 2019년 6월까지에 해당하는 월간자료이다.

한국 산업별 서비스업생산지수 중 도매업(경상지수, 증감 기준)과 자동차 판매업(경상지수, 증감 기준)의 단위는 모두 2015=100이다. 이 데이터는 한국은행에서 제공하는 홈페이지의 경제통계와 관련된 검색시스템에서 간편 검색이라는 사이트를 통하여 수집한 것이다.

이와 같이 대내외적으로 세제에 영향을 줄 수 있는 측면을 살펴보았다. 한편 2019년 하반기 들어 국회에서 추가경정예산안과 관련하여 국민 건강과 관련된 미세먼지 대책이 논의 중이기도 하다. 서울의 지방자치선거에서도 미세먼지가 주요 이슈로 떠올랐던 것과 같이 한국의 경우 국민들의 건강과 삶의 질이 매우 중요한 요소가 되고 있는 것이다.

이와 같이 경제발전이 한층 성숙 단계에 접어들면서 국민의 삶의 질이 중요한 요소가 되고 있는 것이다. 이는 향후 재정정책 방향에 있어서도 이전보다 중요해지는 측면이 무엇인지 살펴보는 계기로서도 중요한 것이다.

	특성과 내용적 정리
재정정책에 있어서 주요 이슈	2019년 하반기 들어 국회에서 추가경정예산안과 관련하여 국민 건강과 관련된 미세먼지 대책이 논의 중이기도 하다. 서울의 지방자치선거에서도 미세먼지가 주요 이슈로 떠올랐던 것과 같이 한국의 경우 국민들의 건강과 삶의 질이 매우 중요한 요소가 되고 있는 것이다.

일반적으로 선거와 경제 및 증시의 경우에 있어서는 선거 직후가 좋은 흐름을 보인 경우가 있다. 이는 선거에 따른 공약의 이행과 관련된 기대치가 반영되면서 좋은 정책을 기대하는 견해가 일어나기 때문이다.

일본의 경우에 있어서는 한국에 대하여 주식시장에도 투자하고 있는데 한국에 있어서 가장 경제적인 비중이 높은 주식에 대하여 2016년 이후 지분율을 감소시켜 온 것으로 파악된다.

■ 표 4-16 일본의 한국 주식시장에 대한 투자와 현황

	특성과 내용적 정리
일본의 한국 주식시장에 대한 투자와 현황	일본의 경우에 있어서는 한국에 대하여 주식시장에도 투자하고 있는데 한국에 있어서 가장 경제적인 비중이 높은 주식에 대하여 2016년 이후 지분율을 감소시켜 온 것으로 파악된다.

이와 같은 주식의 경우 주가의 움직임이 기업에 있어서 중요한 요소가 되고 있다. 그리고 이러한 주가의 움직임은 기업들의 영업과 관련된 실적 이외에도 사회와 환경 및 지배구조와 관련된 이슈 등에 의해서도 영향을 받을 수 있다.

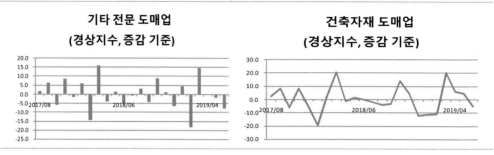

■ **그림 4-14** 한국 산업별 서비스업생산지수 중 기타 전문 도매업(경상지수, 증감 기준)과 건축자재 도매업(경상지수, 증감 기준)의 추이

<그림 4-14>에는 한국 산업별 서비스업생산지수 중 기타 전문 도매업(경상지수, 증감 기준)과 건축자재 도매업(경상지수, 증감 기준)의 추이가 나타나 기록되어 있다. 이 그래프의 데이터 기간에서 한국 산업별 서비스업생산지수 중 기타 전문 도매업(경상지수, 증감 기준)과 건축자재 도매업(경상지수, 증감 기준)의 추이는 모두 2017년 8월부터 2019년 6월까지에 해당하는 월간자료이다.

한국 산업별 서비스업생산지수 중 기타 전문 도매업(경상지수, 증감 기준)과 건축자재 도매업(경상지수, 증감 기준)의 단위는 모두 2015=100이다. 이 데이터는 한국은행에서 제공하는 홈페이지의 경제통계와 관련된 검색시스템에서 간편 검색이라는 사이트를 통하여 수집한 것이다.

주가의 움직임에 영향을 주는 요인의 경우 금리인하 이외에도 미국에서는 자본소득세와 급여세의 인하와 같은 정책에 대한 논의가 있었다. 하지만 일각에서는 하루 만에 이와 같은 논의가 철회된 것으로 알려지고 있는데, 일부 전문가들은 이와 같은 정책의 철회가 미국과 중국에 걸쳐 이루어지고 있는 상호 간의 관세부과에 따른 경제적인 부담을 완화시키려고 할 정도로 양 국가 간에 걸쳐서 부정적인 영향이 나타나기 시작하였던 것으로 판단하고 있다.

■ **표 4-17** 미국과 중국 상호 간의 관세부과에 따른 영향

	특성과 내용적 정리
미국과 중국 상호 간의 관세부과에 따른 영향	주가의 움직임에 영향을 주는 요인의 경우 금리인하 이외에도 미국에서는 자본소득세와 급여세의 인하와 같은 정책에 대한 논의가 있었다. 하지만 일각에서는 하루 만에 이와 같은 논의가 철회된 것으로 알려지고 있는데, 일부 전문가들은 이와 같은 정책의 철회가 미국과 중국에 걸쳐 이루어지고 있는 상호 간의 관세부과에 따른 경제적인 부담을 완화시키려고 할 정도로 양 국가 간에 걸쳐서 부정적인 영향이 나타나기 시작하였던 것으로 판단하고 있다.

■ **그림 4-15** 한국 산업별 서비스업생산지수 중 소매업(경상지수, 증감 기준)과 정보통신장비 소매업(경상지수, 증감 기준)의 추이

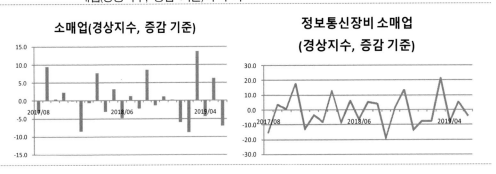

<그림 4-15>에는 한국 산업별 서비스업생산지수 중 소매업(경상지수, 증감 기준)과 정보통신장비 소매업(경상지수, 증감 기준)의 추이가 나타나 기록되어 있다. 이 그래프의 데이터 기간에서 한국 산업별 서비스업생산지수 중 소매업(경상지수, 증감 기준)과 정보통신장비 소매업(경상지수, 증감 기준)의 추이는 모두 2017년 8월부터 2019년 6월까지에 해당하는 월간자료이다.

한국 산업별 서비스업생산지수 중 소매업(경상지수, 증감 기준)과 정보통신장비 소매업(경상지수, 증감 기준)의 단위는 모두 2015＝100이다. 이 데이터는 한국은행에서 제공하는 홈페이지의 경제통계와 관련된 검색시스템에서 간편 검색이라는 사이트를 통하여 수집한 것이다.

한국의 경우 수출비중이 가장 높은 품목의 수출에서 미국과 중국의 상호 간에

걸쳐 일어나는 관세부과의 반복이 세계 시장에서 정보통신분야에 있어서 분업 체계에 좋지 않은 영향을 줄 것에 대하여 2019년 하반기 들어 우려를 표시하고 있다.

이는 이들 국가들 간에 있어서 무역분쟁이 결국 세계 경제에 좋지 않은 영향을 주어 불확실성이 증폭될 경우 해당 품목에 대한 수요가 줄어들 수 있기 때문이다. 결과적으로 세계 경기가 좋은 상태이고 무역이 확대되어야 해당 품목에 대한 수요가 늘어나게 되고 이는 해당 기업에게 있어서 이익의 증대로 연결될 수 있다.

■ 표 4-18 미국과 중국 상호 관세부과에 따른 한국의 대표적인 ICT 기업에 대한 영향

	특성과 내용적 정리
미국과 중국 상호 간의 관세부과에 따른 한국의 대표적인 정보통신분야 기업에 대한 영향	한국의 경우 수출비중이 가장 높은 품목의 수출에서 미국과 중국의 상호 간에 걸쳐 일어나는 관세부과의 반복이 세계 시장에서 정보통신분야에 있어서 분업 체계에 좋지 않은 영향을 줄 것에 대하여 2019년 하반기 들어 우려를 표시하고 있다. 이는 이들 국가들 간에 있어서 무역분쟁이 결국 세계 경제에 좋지 않은 영향을 주어 불확실성이 증폭될 경우 해당 품목에 대한 수요가 줄어들 수 있기 때문이다. 결과적으로 세계 경기가 좋은 상태이고 무역이 확대되어야 해당 품목에 대한 수요가 늘어나게 되고 이는 해당 기업에게 있어서 이익의 증대로 연결될 수 있다.

인공지능과 공유경제와 관련하여 승차공유에 해당하는 플랫폼업체가 법인택시를 인수하는 계약체결을 하고 있는데, 해당 업체는 택시를 호출하는 서비스에 해당하는 중개의 플랫폼과 관련된 회사이다.

■ 표 4-19 인공지능과 공유경제 에 대한 승차공유에 해당하는 플랫폼업체 사례

	특성과 내용적 정리
인공지능과 공유경제에 대한 승차공유에 해당하는 플랫폼업체 사례	인공지능과 공유경제와 관련하여 승차공유에 해당하는 플랫폼업체가 법인택시를 인수하는 계약체결을 하고 있는데, 해당 업체는 택시를 호출하는 서비스에 해당하는 중개의 플랫폼과 관련된 회사이다.

그림 4-16 인공지능과 공유경제 에 대한 승차공유에 해당하는 플랫폼업체 사례

인공지능과 공유경제와 관련하여 승차공유에 해당하는 플랫폼업체가 법인택시를 인수하는 계약체결

↓

해당 업체는 택시를 호출하는 서비스에 해당하는 중개의 플랫폼과 관련된 회사

인공지능과 공유경제가 연결되어 승차공유와 같은 시스템이 만들어지고 동남아시아의 국가에서는 일본의 자금을 유치하고 있기도 하다. 이에 따라 승차공유시스템에 도움이 되는 차세대의 교통망에 대한 건설과 의료서비스가 발전해 나갈 것으로 전망되고 있다.

표 4-20 인공지능과 공유경제 : 승차공유시스템과 의료서비스

	특성과 내용적 정리
인공지능과 공유경제 : 승차공유시스템과 의료서비스	인공지능과 공유경제가 연결되어 승차공유와 같은 시스템이 만들어지고 동남아시아의 국가에서는 일본의 자금을 유치하고 있기도 하다. 이에 따라 승차공유시스템에 도움이 되는 차세대의 교통망에 대한 건설과 의료서비스가 발전해 나갈 것으로 전망되고 있다.

그림 4-17 인공지능과 공유경제 : 승차공유시스템과 의료서비스

인공지능과 공유경제가 연결되어 승차공유와 같은 시스템

↓

동남아시아의 특정 국가에서는 일본의 자금을 유치

↓

승차공유시스템에 도움이 되는 차세대의 교통망에 대한 건설과 의료서비스가 발전해 나갈 것으로 전망

한편 기존의 의료서비스와 정보통신 기술이 융합되어 유헬스(U-Health) 산업이 발전해 나가고 있다. 유럽국가 중에서는 인공지능 및 공유경제와 관련되어 있는 반도체 서버사용 프로세서의 분야가 형성되고 있다. 이는 일본의 세계적인 기업이 인수하면서 주목을 받고 있는 것이다.

■ **표 4-21** 유럽국가 중에서 인공지능 및 공유경제 사례 : 반도체 서버사용 프로세서 분야

	특성과 내용적 정리
유럽국가 중에서 인공지능 및 공유경제 사례 : 반도체 서버사용 프로세서 분야	기존의 의료서비스와 정보통신 기술이 융합되어 유헬스(U-Health) 산업이 발전해 나가고 있다. 유럽국가 중에서는 인공지능 및 공유경제와 관련되어 있는 반도체 서버사용 프로세서의 분야가 형성되고 있다. 이는 일본의 세계적인 기업이 인수하면서 주목을 받고 있는 것이다.

■ **그림 4-18** 한국 산업별 서비스업생산지수 중 기타 생활용품 소매업(경상지수, 증감 기준)과 섬유, 의복, 신발 및 가죽제품 소매업(경상지수, 증감 기준)의 추이

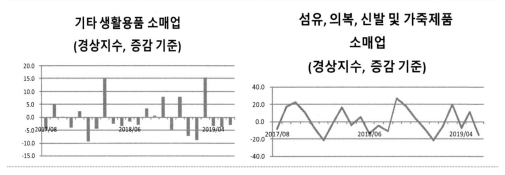

<그림 4-18>에는 한국 산업별 서비스업생산지수 중 기타 생활용품 소매업(경상지수, 증감 기준)과 섬유, 의복, 신발 및 가죽제품 소매업(경상지수, 증감 기준)의 추이가 나타나 기록되어 있다. 이 그래프의 데이터 기간에서 한국 산업별 서비스업생산지수 중 기타 생활용품 소매업(경상지수, 증감 기준)과 섬유, 의복, 신발 및 가죽제품 소매업(경상지수, 증감 기준)의 추이는 모두 2017년 8월부터 2019년 6월까지에 해당하는 월간자료이다.

한국 산업별 서비스업생산지수 중 소매업(경상지수, 증감 기준)과 정보통신장비
소매업(경상지수, 증감 기준)의 단위는 모두 2015＝100이다. 이 데이터는 한국은행
에서 제공하는 홈페이지의 경제통계와 관련된 검색시스템에서 간편 검색이라는
사이트를 통하여 수집한 것이다.

그림 4-19 한국 산업별 서비스업생산지수 중 문화, 오락 및 여가 용품 소매업(경상지수, 증감
기준)과 연료 소매업(경상지수, 증감 기준)의 추이

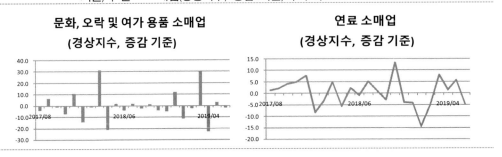

<그림 4−19>에는 한국 산업별 서비스업생산지수 중 문화, 오락 및 여가 용
품 소매업(경상지수, 증감 기준)과 연료 소매업(경상지수, 증감 기준)의 추이가 나타나
기록되어 있다. 이 그래프의 데이터 기간에서 한국 산업별 서비스업생산지수 중
문화, 오락 및 여가 용품 소매업(경상지수, 증감 기준)과 연료 소매업(경상지수, 증감
기준)의 추이는 모두 2017년 8월부터 2019년 6월까지에 해당하는 월간자료이다.

한국 산업별 서비스업생산지수 중 문화, 오락 및 여가 용품 소매업(경상지수,
증감 기준)과 연료 소매업(경상지수, 증감 기준)의 단위는 모두 2015＝100이다. 이
데이터는 한국은행에서 제공하는 홈페이지의 경제통계와 관련된 검색시스템에서
간편 검색이라는 사이트를 통하여 수집한 것이다.

디지털금융의 최대 장점은 첫째, 속도 측면에서 더욱 좋아졌다는 것이고, 둘
째, 편리성이 제고된 것, 셋째, 금융의 비용이 감소하게 된다는 것이다. 이에 따라
각종 프로젝트에서의 사업부문 생산성이 향상되는 실무적인 장점을 지니게 된다.

표 4-22 디지털금융의 최대 장점

	특성과 내용적 정리
디지털금융의 최대 장점	디지털금융의 최대 장점은 첫째, 속도 측면에서 더욱 좋아졌다는 것이고, 둘째, 편리성이 제고된 것, 셋째, 금융의 비용이 감소하게 된다는 것이다. 이에 따라 각종 프로젝트에서의 사업부문 생산성이 향상되는 실무적인 장점을 지니게 된다.

그림 4-20 디지털금융의 최대 장점

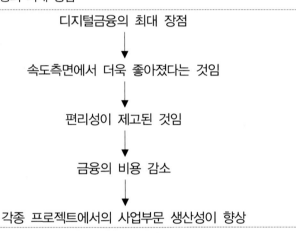

표 4-23 디지털금융의 단점

	특성과 내용적 정리
디지털금융의 단점	단점으로는 사이버에 의한 범죄가능성에 있어서 대비가 어렵다는 측면이다. 한국의 경우 가상화폐와 관련하여서는 이와 같은 불법적인 현상을 없애기 위하여 심사에 의하여 상장에 대한 적격성 판정이 인정되는 가상화폐의 경우 유지되는 방향으로 2019년 하반기 논의되고 있다.

단점으로는 사이버에 의한 범죄가능성에 있어서 대비가 어렵다는 측면이다. 한국의 경우 가상화폐와 관련하여서는 이와 같은 불법적인 현상을 없애기 위하여 심사를 통해 상장에 대한 적격성 판정이 인정되는 가상화폐의 경우 유지되는 방

향으로 2019년 하반기 논의되고 있다.

■ **그림 4-21** 디지털금융의 단점
_____

디지털금융의 단점

↓

사이버에 의한 범죄가능성에 있어서

대비가 어렵다는 측면

_____

■ **그림 4-22** 한국 산업별 서비스업생산지수 중 기타 상품 전문 소매업(경상지수, 증감 기준)과
무점포 소매업(경상지수, 증감 기준)의 추이
_____

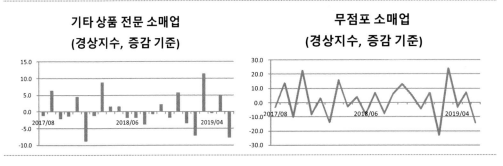

_____

      <그림 4-22>에는 한국 산업별 서비스업생산지수 중 기타 상품 전문 소매업(경상지수, 증감 기준)과 무점포 소매업(경상지수, 증감 기준)의 추이가 나타나 기록되어 있다. 이 그래프의 데이터 기간에서 한국 산업별 서비스업생산지수 중 기타 상품 전문 소매업(경상지수, 증감 기준)과 무점포 소매업(경상지수, 증감 기준)의 추이는 모두 2017년 8월부터 2019년 6월까지에 해당하는 월간자료이다.

      한국 산업별 서비스업생산지수 중 기타 상품 전문 소매업(경상지수, 증감 기준)과 무점포 소매업(경상지수, 증감 기준)의 단위는 모두 2015＝100이다. 이 데이터는 한국은행에서 제공하는 홈페이지의 경제통계와 관련된 검색시스템에서 간편 검색이라는 사이트를 통하여 수집한 것이다.

1. 한국의 경우 수출비중이 가장 높은 분야에 있어서 가격 전망에 대하여 설명하시오.

정답

　한국과 일본의 수출관련 이슈가 2019년 하반기에 짙게 드리우고 있는데, 이 중에서 산업에 있어서는 수출비중이 가장 높은 분야에 있어서 가격 전망에 있어서 흐름에 대하여 시장에서는 매우 조심스럽게 지켜보고 있다.

2. 한국의 경우 설비투자와 관련하여 기술적인 뒷받침 방안 모색에 대하여 설명하시오.

정답

	특성과 내용적 정리
한국의 경우 설비투자와 관련하여 기술적인 뒷받침 방안 모색	한국의 경우 설비투자와 관련하여 기술적인 뒷받침이 될 수 있는 방안도 필요할 것으로 판단되고 있다. 이는 일반적으로 투자는 건설투자와 설비투자로 나누는데 미래 경기가 불확실할 경우 정책적인 방향에서 다각도로 접근하여야 한다는 것을 의미한다.

3. 부의 공평성과 직접세제와 간접세제에 대하여 설명하시오.

정답

	특성과 내용적 정리
부의 공평성과 직접세제와 간접세제	경기와 관련하여서 그리고 다른 한편으로 부의 공평성 등과 관련하여 기업과 관련된 세제에 대하여 지원방안이라든가 다각도로 접근하는 방법과 개인들에 있어서는 상위 부자들이 조금 더 세금을 납부하는 것이 더 타당한지와 관련하여 많은 논의들이 있어 오고 있다. 이는 국가 전체의 세제 체계에 있어서 직접세제와 간접세제 체제로 이어지면서 논의가 이어지고 있는 것이다.

4. 상속세와 양도소득세의 관계에 대하여 설명하시오.

정답

	특성과 내용적 정리
상속세와 양도소득세의 관계	개인들의 경우 합리적인 방향에서 상속세와 관련하여서는 상속을 받게 된 이후 6개월의 내에서 양도할 때에는 취득가액 및 양도가액이 동일선상으로 놓이게 되어 양도차익과 관련된 이익이 없게 되어 양도소득세가 없을 수도 있지만 상속받은 금액이 클 경우에는 그렇지 않을 수 있다.

5. 소규모의 상가의 투자와 수익과 시세차익에 대하여 설명하시오.

정답

개인들의 투자와 관련하여서는 2019년 하반기 이후 소규모의 상가를 비롯한 부동산에 투자할 경우 역세권과 위치 등을 고려해야 하고, 수익보다는 시세차익을 더 남길 수 있는 곳이 유망하다는 것이 일부 전문가들의 견해이다.

6. 엔화의 경우 기축통화와 관련된 통화에 대하여 설명하시오.

정답

	특성과 내용적 정리
엔화의 경우 기축통화와 관련된 통화	주식이든지 부동산이든 간에 자산(asset)의 경우 결국 경기와 밀접하게 움직일 수밖에 없는데, 해외경제를 살펴보면 일본의 경우 엔화의 경우 기축통화와 관련되어 있어서 엔화와 관련된 부채(debt)는 일본은행의 발권으로 상각해 나갈 수 있을 것으로 판단된다. 이는 일본경제가 세계경제에서 차지하는 비중이 결코 작지 않음을 의미한다.

7. 개별소비세법의 경우 생활필수품의 경과와 사치품 중과의 관련성에 대하여 설명하시오.

정답

	특성과 내용적 정리
개별소비세법의 경우 생활필수품의	세제와 관련하여서는 국가적인 차원에서 경기활성화와 재정건전성 등을 보고 정책을 잘 집행해 나가고 있는데, 개별소비세법이라는 체제에서는 결과적으로 생활필수품의 경과와 사치품의 경우 중과

경과와 사치품 중과의 관련성	와 관련되어 있다고 보는 견해가 있다. 즉 세제체계는 일반적으로 부의 형평성 및 공평성 등을 고려하여 정책적으로 잘 반영되고 있는 측면이 있는 것이다.

8. 증권거래세제의 개편 논의에 대하여 설명하시오.

정답

	특성과 내용적 정리
증권거래세제의 개편 논의	금융 및 세제와 관련하여서는 일부 전문가들 사이에서 증권거래와 관련하여 거래세의 폐지와 관련된 논의가 있지만 타당성이 있는지와 관련하여 많은 논의가 있는 상황이다. 한편 한국의 경우에 있어서 증권거래세가 약간 2019년 6월 들어 인하되기도 하였다.

9. 국채의 확대추진 논의에 대하여 설명하시오.

정답

	특성과 내용적 정리
국채의 확대추진 논의	일부 전문가들은 국채의 확대추진의 논의가 있는 상황이다. 물론 다른 전문가들은 국채의 발행에 있어서는 재정건전성을 비롯한 대내외 경제의 여건 등을 잘 고려하여야 한다는 측면을 주장하고 있기도 하다.

10. 미국의 경제와 관세부과 금리인하정책에 대하여 설명하시오.

정답

	특성과 내용적 정리
미국의 경제와 관세부과 금리인하정책	해외 경제흐름과 관련하여 미국과 중국 간에 있어서 무역이슈가 중요하게 다루어지는데 결국 경제학적인 측면에 있어서는 관세부과는 소비자들에게 전가되는 문제를 생각해 보아야 한다는 것이 시장에서의 판단이다. 즉 미국의 관세부과가 미국의 소비자들에게 있어서 부담요인으로 발생할 수도 있다는 것이다. 비슷한 논리가 트럼프대통령 집권 초기에 미국의 자국 내의 투자가 강조되어 결국 세계적인 분업의 이익을 통하여 저렴한 가격으로 소비자들이 소비하던 혜택이 줄어들지 않을까 하는 우려가 높았지만 현실적으로는 전통적인 경제학의 필립스곡선의 이론이 잘 맞고 있다고 보기 보다는 경제학 교과서로서도 설명이 힘든 낮은

실업률과 낮은 물가상승률이 지속되고 있다.

물론 2020년 이후 일부 전문가들은 미국의 경기호황을 지날 수 있다고 우려하고 있어서 계속적으로 이와 같은 흐름이 지속될지 지켜보아야 한다는 것이 시장의 입장이다. 이에 따라 미국의 경우 금리인하가 이어질 수 있을지에 대하여도 일부 전문가들은 지켜보아야 한다는 판단을 갖고 있다.

또한 이들 중 일부는 2019년에 이미 미국이 불황에 접어들었는지도 모른다는 의견을 내고 있다. 이는 미국의 경제와 관련된 지표들이 상반되거나 예측과 달리 발표될 때 대두되고 있다.

11. 장단기금리의 기간 간 구조와 안전자산 선호에 대하여 설명하시오.

정답

	특성과 내용적 정리
장단기금리의 기간 간 구조와 안전자산 선호	미국을 중심으로 경기의 불확실성이 커질 경우에는 세계적으로 안전자산에 대한 선호현상이 나타나는데 대표적인 것이 금과 관련된 관심이다. 이는 경기와 관련된 기업들의 실적지표나 장단기금리의 기간 간 구조가 역으로 나타날 경우에도 경기에 대한 우려감이 표출되곤 하고 있는 것이다.

12. 지방세제와 지역경제의 활성화에 대하여 설명하시오.

정답

한국의 경우 국내경기와 관련된 이슈들과 함께 대외경제적인 이슈들이 2019년 하반기 들어 함께 복합적으로 작용할 가능성이 있어서 지방세제의 경우 지역경제에 대한 활력을 되찾기 위한 노력이 진행되고 있다.

13. 조세정책 시 고려되는 공정성과 효과성에 대하여 설명하시오.

정답

	특성과 내용적 정리
조세정책 시 고려되는 공정성과 효과성	세제에 있어서 집행과 관련하여서는 공정성과 함께 효과성을 따져보고 있다. 경기가 침체되어 있을 경우에는 비과세와 관련하여 개편 필요성이 있는지도 살펴보곤 한다. 그리고 세제는 산업에 있어서 기술적인 발달 단계와 상업적인 지원체계와도 연계되어 있다.

14. 미국의 금리정책에 영향을 주는 요인에 대하여 설명하시오.

정답

	특성과 내용적 정리
미국의 금리정책에 영향을 주는 요인	국제간에 있어서 세제의 체제 및 영향을 살펴볼 때 미국의 경우 멕시코와의 무역에 있어서 멕시코에 대하여 토마토와 관련하여 취하려고 한 미국의 관세부과 정책이 일단락되면서 미국 금리에 있어서 상승하는 모습을 나타내기도 하였다. 이와 같이 미국을 비롯한 금리정책에는 유동성 이외에 실물경제 지표 및 무역과 관련된 정책적인 방향성 등이 함께 고려되어야 한다.

15. 재정정책에 있어서 주요 이슈에 대하여 설명하시오.

정답

	특성과 내용적 정리
재정정책에 있어서 주요 이슈	2019년 하반기 들어 국회에서 추가경정예산안과 관련하여 국민 건강과 관련된 미세먼지 대책이 논의 중이기도 하다. 서울의 지방자치선거에서도 미세먼지가 주요 이슈로 떠올랐던 것과 같이 한국의 경우 국민들의 건강과 삶의 질이 매우 중요한 요소가 되고 있는 것이다.

16. 일본의 한국 주식시장에 대한 투자와 현황에 대하여 설명하시오.

정답

	특성과 내용적 정리
일본의 한국 주식시장에 대한 투자와 현황	일본의 경우에 있어서는 한국에 대하여 주식시장에도 투자하고 있는데 한국에 있어서 가장 경제적인 비중이 높은 주식에 대하여 2016년 이후 지분율을 감소시켜 온 것으로 파악된다.

17. 미국과 중국 상호 간의 관세부과에 따른 영향에 대하여 설명하시오.

정답

	특성과 내용적 정리
미국과 중국 상호 간의 관세부과에	주가의 움직임에 영향을 주는 요인의 경우 금리인하 이외에도 미국에서는 자본소득세와 급여세의 인하와 같은 정책에 대한 논의가 있었다. 하지만 일각에서는 하루 만에 이와 같은 논의가 철회된

	것으로 알려지고 있는데, 일부 전문가들은 이와 같은 정책의 철회가 미국과 중국에 걸쳐 이루어지고 있는 상호 간의 관세부과에 따른 경제적인 부담을 완화시키려고 할 정도로 양 국가 간에 걸쳐서 부정적인 영향이 나타나기 시작하였던 것으로 판단하고 있다.
따른 영향	

18. 미국과 중국 상호 관세부과에 따른 한국의 대표적인 ICT 기업에 대한 영향에 대하여 설명하시오.

정답

	특성과 내용적 정리
미국과 중국 상호 간의 관세부과에 따른 한국의 대표적인 정보통신분야 기업에 대한 영향	한국의 경우 수출비중이 가장 높은 품목의 수출에서 미국과 중국의 상호 간에 걸쳐 일어나는 관세부과의 반복이 세계 시장에서 정보통신분야에 있어서 분업 체계에 좋지 않은 영향을 줄 것에 대하여 2019년 하반기 들어 우려를 표시하고 있다. 이는 이들 국가들 간에 있어서 무역분쟁이 결국 세계 경제에 좋지 않은 영향을 주어 불확실성이 증폭될 경우 해당 품목에 대한 수요가 줄어들 수 있기 때문이다. 결과적으로 세계 경기가 좋은 상태이고 무역이 확대되어야 해당 품목에 대한 수요가 늘어나게 되고 이는 해당 기업에게 있어서 이익의 증대로 연결될 수 있다.

19. 인공지능과 공유경제 에 대한 승차공유에 해당하는 플랫폼업체 사례에 대하여 설명하시오.

정답

	특성과 내용적 정리
인공지능과 공유경제에 대한 승차공유에 해당하는 플랫폼업체 사례	인공지능과 공유경제와 관련하여 승차공유에 해당하는 플랫폼업체가 법인택시를 인수하는 계약체결을 하고 있는데, 해당 업체는 택시를 호출하는 서비스에 해당하는 중개의 플랫폼과 관련된 회사이다.

20. 인공지능과 공유경제에서 승차공유시스템과 의료서비스에 대하여 설명하시오.

	특성과 내용적 정리
인공지능과 공유경제 : 승차공유시스템과 의료서비스	인공지능과 공유경제가 연결되어 승차공유와 같은 시스템이 만들어지고 동남아시아의 국가에서는 일본의 자금을 유치하고 있기도 하다. 이에 따라 승차공유시스템에 도움이 되는 차세대의 교통망에 대한 건설과 의료서비스가 발전해 나갈 것으로 전망되고 있다.

21. 유럽국가 중에서 인공지능 및 공유경제 사례 : 반도체 서버사용 프로세서 분야에 대하여 설명하시오.

	특성과 내용적 정리
유럽국가 중에서 인공지능 및 공유경제 사례 : 반도체 서버사용 프로세서 분야	기존의 의료서비스와 정보통신 기술이 융합되어 유헬스(U-Health) 산업이 발전해 나가고 있다. 유럽국가 중에서는 인공지능 및 공유경제와 관련되어 있는 반도체 서버사용 프로세서의 분야가 형성되고 있다. 이는 일본의 세계적인 기업이 인수하면서 주목을 받고 있는 것이다.

22. 디지털금융의 최대 장점에 대하여 설명하시오.

	특성과 내용적 정리
디지털금융의 최대 장점	디지털금융의 최대 장점은 첫째, 속도측면에서 더욱 좋아졌다는 것이고, 둘째, 편리성이 제고된 것, 셋째, 금융의 비용이 감소하게 된다는 것이다. 이에 따라 각종 프로젝트에서의 사업부문 생산성이 향상되는 실무적인 장점을 지니게 된다.

23. 디지털금융의 단점에 대하여 설명하시오.

정답

	특성과 내용적 정리
디지털금융의 단점	단점으로는 사이버에 의한 범죄가능성에 있어서 대비가 어렵다는 측면이다. 한국의 경우 가상화폐와 관련하여서는 이와 같은 불법적인 현상을 없애기 위하여 심사에 의하여 상장에 대한 적격성 판정이 인정되는 가상화폐의 경우 유지되는 방향으로 2019년 하반기 논의되고 있다.

03

PART

핀테크 산업으로서 디지털 금융과 블록체인

금융의 선진화와
디지털금융

제1절 경제성장률과 금융의 선진화

상장에 대하여 폐지의 대상이 된 가상화폐의 경우 투자에 대한 유의종목이 되고 일정 기간 내에서 개선되지 않으면 상장의 폐지가 되는 것이 논의되고 있다. 한편 인터넷 기반과 연계되는 공유경제의 경우에는 미용분야에서 유휴 공간에 대한 제공을 받은 사업자는 규칙과 공정성이 있는 세금의 지불 의무를 지는 등 다양한 형태로 발전해 나가고 있다.[7)]

■ **표 5-1** 가상화폐와 상장

	특성과 내용적 정리
가상화폐와 상장	상장에 대하여 폐지의 대상이 된 가상화폐의 경우 투자에 대한 유의종목이 되고 일정 기간 내에서 개선되지 않으면 상장의 폐지가 되는 것이 논의되고 있다.

---

7) Al-Ghamdi, A., Charles, D. & Tamira, K.(2011), Gender Perceptions towards Internet Banking Loyalty : Empirical Evidence, Academy of Marketing.

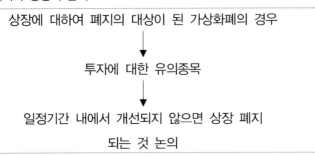

■ **그림 5-1** 가상화폐와 상장의 관계도

상장에 대하여 폐지의 대상이 된 가상화폐의 경우

↓

투자에 대한 유의종목

↓

일정기간 내에서 개선되지 않으면 상장 폐지

되는 것 논의

■ **표 5-2** 인터넷 기반과 연계되는 공유경제 사례 : 미용분야

	특성과 내용적 정리
인터넷 기반과 연계되는 공유경제 사례 : 미용분야	인터넷 기반과 연계되는 공유경제의 경우에는 미용분야에서 유휴공간에 대한 제공을 받은 사업자는 규칙과 공정성이 있는 세금의 지불의무를 지는 등 다양한 형태로 발전해 나가고 있다.

이와 같은 정보통신기술과 공유경제 및 인공지능 분야가 연결되면서 새로운 4차 산업혁명의 분야에 있어서 새로운 질서가 형성되고 있다. 한편 일부에서는 이들 기업과 관련하여 세제와 함께 살펴보면 법인세율의 인상이 이루어질 때 자본에 대한 사용자의 비용이 증가하게 되고 이는 투자 및 자본스톡의 감소로 이어질 수 있다고 판단한다. 이들은 자본스톡은 투자의 합으로도 판단하기도 한다. 그리고 이들은 이에 따라 노동자들의 생산성이 줄어들게 되어 경제성장률이 하락하는 경제의 악순환 현상이 발생할 수도 있다고 보고 있다.

■ **표 5-3** 법인세율의 인상과 경제성장률

	특성과 내용적 정리
법인세율의 인상과 경제성장률	기업과 관련하여 세제와 함께 살펴보면 법인세율의 인상이 이루어질 때 자본에 대한 사용자의 비용이 증가하게 되고 이는 투자 및 자본스톡의 감소로 이어질 수 있다고 판단한다. 이들은 자본스톡은 투자의 합으로도 판단하기도 한다. 그리고 이들은 이에 따라 노동자

들의 생산성이 줄어들게 되어 경제성장률이 하락하는 경제의 악순환 현상이 발생할 수도 있다고 보고 있다.

■ **그림 5-2** 법인세율의 인상과 경제성장률의 관계도

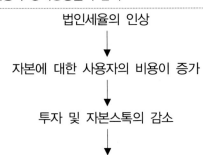

법인세율의 인상

↓

자본에 대한 사용자의 비용이 증가

↓

투자 및 자본스톡의 감소

↓

일부 시각 : 노동자들의 생산성이 줄어들게 되어
경제성장률이 하락하는 경제의 악순환 현상이
발생할 수도 있다고 봄

■ **표 5-4** 국가의 위험요소와 투자

	특성과 내용적 정리
국가의 위험요소와 투자	경제성장률과 금융의 선진화 등이 고려되어 세계적인 평가 회사들이 국가에 대한 위험도를 평가하는데 국가의 위험요소가 줄어들 때 해당 국가에게 있어서는 세계 각국에서의 투자 증가로의 긍정적인 효과가 나타날 수 있다.

이와 같은 경제성장률과 금융의 선진화 등이 고려되어 세계적인 평가 회사들이 국가에 대한 위험도를 평가하는데 국가의 위험요소가 줄어들 때 해당 국가에게 있어서는 세계 각국에서의 투자 증가로의 긍정적인 효과가 나타날 수 있다. 이와 같이 세계적인 평가 회사들의 경우 국가들에 대한 위험도를 평가하는 데에 있어서 해당 국가들의 경우 자본조달이라든가 채권 발행 등에 있어서 많은 영향을 줄 수 있다.

■ **그림 5-3** 국가의 위험요소와 투자의 관계도

경제성장률과 금융의 선진화 등이 고려되어

세계적인 평가 회사들이 국가에 대한 위험도를 평가

↓

국가의 위험요소 감소

↓

해당 국가에게 있어서는 세계 국가에서의 투자 증가

■ **그림 5-4** 국가의 위험요소 증가 시 투자 감소

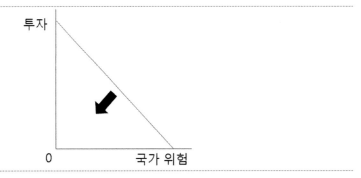

<그림 5-4>에서 가로축은 국가 위험요소가 늘어나는 것을 의미하고, 세로축은 원점에서 멀어질수록 투자가 증가하는 관계이다. <그림 5-4>에서 보는 바와 같이 국가의 위험과 투자의 관계는 반비례하는 그래프로서 국가의 위험요소가 증가할 경우에는 해당 국가에 대한 투자가 줄어들고, 국가의 위험요소가 감소할 때에는 해당 국가에 대한 투자가 늘어날 수 있음을 나타내고 있다.

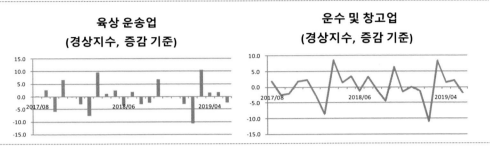

■ **그림 5-5** 한국 산업별 서비스업생산지수 중 육상 운송업(경상지수, 증감 기준)과 운수 및 창고업(경상지수, 증감 기준)의 추이

<그림 5-5>에는 한국 산업별 서비스업생산지수 중 육상 운송업(경상지수, 증감 기준)과 운수 및 창고업(경상지수, 증감 기준)의 추이가 나타나 기록되어 있다. 이 그래프의 데이터 기간에서 한국 산업별 서비스업생산지수 중 육상 운송업(경상지수, 증감 기준)과 운수 및 창고업(경상지수, 증감 기준)의 추이는 모두 2017년 8월부터 2019년 6월까지에 해당하는 월간자료이다.

한국 산업별 서비스업생산지수 중 육상 운송업(경상지수, 증감 기준)과 운수 및 창고업(경상지수, 증감 기준)의 단위는 모두 2015＝100이다. 이 데이터는 한국은행에서 제공하는 홈페이지의 경제통계와 관련된 검색시스템에서 간편 검색이라는 사이트를 통하여 수집한 것이다.

■ **그림 5-6** 소득세율과 생산성의 관계

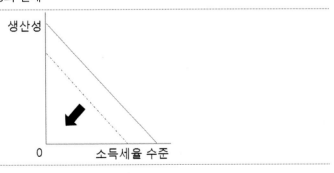

일부에서 주장하는 바와 같이 현실 세계에 일어난다고 가정할 때 <그림 5-6>과 같이 될 수 있다. 그림에서 가로축은 오른쪽 방향으로 진행될수록 국가에서 소득에 부과하는 소득세율 수준이 높아지는 것을 의미하고, 세로축은 개인들의 근로의욕이 고취되어 생산성이 증대되는 방향이다. 예를 들어 국가에서 소득에 부과하는 소득세율 수준이 높아지면 생산성이 감소되어 원점을 향하여 아래쪽으로 향하게 된다는 것을 보여주고 있다.

그림 5-7 한국 산업별 서비스업생산지수 중 부동산업(불변지수, 증감 기준)과 부동산업(경상지수, 증감 기준)의 추이

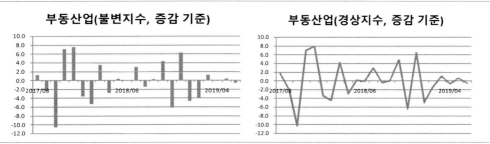

<그림 5-7>에는 한국 산업별 서비스업생산지수 중 부동산업(불변지수, 증감 기준)과 부동산업(경상지수, 증감 기준)의 추이가 나타나 기록되어 있다. 이 그래프의 데이터 기간에서 한국 산업별 서비스업생산지수 중 부동산업(불변지수, 증감 기준)과 부동산업(경상지수, 증감 기준)의 추이는 모두 2017년 8월부터 2019년 6월까지에 해당하는 월간자료이다.

한국 산업별 서비스업생산지수 중 부동산업(불변지수, 증감 기준)과 부동산업(경상지수, 증감 기준)의 단위는 모두 2015=100이다. 이 데이터는 한국은행에서 제공하는 홈페이지의 경제통계와 관련된 검색시스템에서 간편 검색이라는 사이트를 통하여 수집한 것이다.

한국의 전반적인 부동산업의 경우 다른 한국 산업별 서비스업생산지수들과 같이 하향 안정적인 추세를 보이는 것으로 나타났는데, 대내외 경제의 안정화가 이룩되어야 한국의 건설업과 부동산업도 추세적인 발전 양상을 지속해 나갈 수 있을 것으로 판단된다.

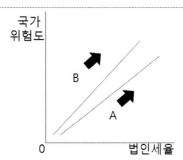

일부에서 주장하는 바와 같이 현실 세계에 발생한다고 가정할 때 <그림 5-8>과 같이 될 수 있다. 그림에서 가로축은 오른쪽 방향으로 진행수록 기업들의 법인세율 수준이 높아지는 것을 의미하고, 기업의 활동이 위축된다는 것을 의미한다. 여기서 세로축은 원점에서 멀어질수록 국가의 위험도가 증가한다는 것을 나타낸다. 기업들의 법인세율과 국가 위험도가 정비례의 관계에 있게 되므로 기업들의 법인세율 수준이 높아질수록 기업의 활동이 위축되어 국가 위험도가 높아질 수 있다는 논리이다. 그림에서 A점과 가까운 곡선 또는 B점과 가까운 곡선의 경우 해당 국가가 현재 이머징마켓인지 또는 선진국인지 등에 따라 법인세율과 국가 위험도도 각각 다르게 처해져 있고 다르게 전개될 수 있음을 의미한다.

<그림 5-7>에는 한국 산업별 서비스업생산지수 중 부동산업(불변지수, 증감 기준)과 부동산업(경상지수, 증감 기준)의 추이가 나타나 기록되어 있다. 이 그래프의 데이터 기간에서 한국 산업별 서비스업생산지수 중 부동산업(불변지수, 증감 기준)과 부동산업(경상지수, 증감 기준)의 추이는 모두 2017년 8월부터 2019년 6월까지에 해당하는 월간자료이다.

한국 산업별 서비스업생산지수 중 부동산업(불변지수, 증감 기준)과 부동산업(경상지수, 증감 기준)의 단위는 모두 2015＝100이다. 이 데이터는 한국은행에서 제공하는 홈페이지의 경제통계와 관련된 검색시스템에서 간편 검색이라는 사이트를 통하여 수집한 것이다.

그림 5-9 한국 산업별 서비스업생산지수 중 부동산업(경상지수, 가는 점선, 세로축에서 기준에서 우)과 국고채(3년, 굵은 실선, 세로축에서 기준에서 좌)의 금리 추이

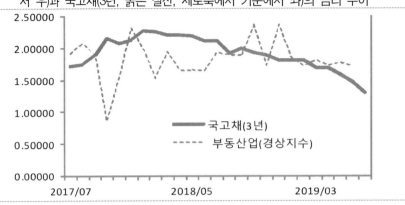

<그림 5-9>에는 한국 산업별 서비스업생산지수 중 부동산업(경상지수)과 국고채(3년)의 금리 추이가 표기되어 있다. 이 그래프의 데이터 기간에서 한국 산업별 서비스업생산지수 중 부동산업(경상지수)과 국고채(3년)의 금리 추이는 각각 2017년 7월부터 2019년 6월까지와 2017년 7월부터 2019년 7월까지에 해당하는 월간자료이다.

한국 산업별 서비스업생산지수 중 부동산업(경상지수)의 단위는 2015=100이고, 국고채(3년) 금리의 단위는 연 %이다. 이 데이터들은 한국은행에서 제공하는 홈페이지의 경제통계와 관련된 검색시스템에서 간편 검색이라는 사이트를 통하여 수집한 것이다.

이 기간 동안의 한국 산업별 서비스업생산지수 중 부동산업(경상지수)과 국고채(3년) 금리의 상관계수는 −0.18577을 보이고 있다. 이는 상관계수가 높지는 않아서 정확한 상관성의 관계를 파악하기는 어렵지만, 일반적으로는 금리 인하의 경우 유동성이 풍부해져서 결국 부동산업에 있어서 투자가 실제로 증가하였을 수 있다고 시중에서는 판단하고 있다.

2019년 하반기 들어 서울의 부동산 시장은 분양가의 상한제라는 정책적인 이슈에 의하여 이 정책이 실시되면 신규의 주택공급(housing supply)이 감소할 것이라는 의견이 대두되면서 관심도가 증가하고 있다. 이에 따라 이와 같은 의견에 동조하는 사람들의 경우에 있어서는 매수에 관심으로 증가시키고 있는 것이다.

<그림 5-10>에는 한국 산업별 서비스업생산지수 중 부동산업(경상지수)과 M2(말잔, 원 계열)의 추이가 표기되어 있다. 이 그래프의 데이터 기간에서 한국 산업별 서비스업생산지수 중 부동산업(경상지수)과 M2(말잔, 원 계열)의 추이는 모두 2017년 7월부터 2019년 6월까지에 해당하는 월간자료이다.

한국 산업별 서비스업생산지수 중 부동산업(경상지수)의 단위는 2015＝100이고, M2(말잔, 원 계열)의 단위는 십억 원이다. 이 데이터들은 한국은행에서 제공하는 홈페이지의 경제통계와 관련된 검색시스템에서 간편 검색이라는 사이트를 통하여 수집한 것이다.

이 기간 동안의 한국 산업별 서비스업생산지수 중 부동산업(경상지수)과 M2(말잔, 원 계열)의 상관계수는 0.10046을 보이고 있다. 이는 상관계수가 높지는 않아서 정확한 상관성의 관계를 파악하기는 어렵지만, 일반적으로는 통화량의 증대로 유동성이 풍부해질 경우 부동산 투자에서 미치는 영향은 긍정적으로 판단하고 있다.

2019년 하반기의 경우 미국과 중국 간에 있어서 상호 관세부과의 흐름과 한국과 일본에 있어서 무역관련 분쟁이 있으며 한국의 잠재성장률이 낮아지는 추세에 있어서 부동산이 안전한 자산 투자로 보고 있기도 한다.

■ **그림 5-10** 한국 산업별 서비스업생산지수 중 부동산업(경상지수, 막대그래프, 세로축에서 기준에서 좌)과 M2(말잔, 선그래프, 원 계열)(세로축에서 기준에서 우)의 금리 추이

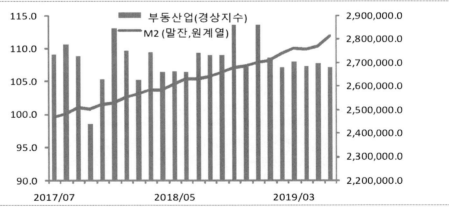

제2절 디지털금융과 블록체인

미국이 중국의 미국에 대한 수출품에 관세부과에 있어서 상향추세를 보이고 중국에 있는 미국 회사들이 미국으로 들어오는 것을 희망하는 정책이 2019년 하반기 들어서도 지속되고 있다고 시장에서는 판단하고 있다. 이에 따라 한국의 주식시장도 이와 같은 미국과 중국의 무역분쟁이 격화될 때에는 부정적인 영향을 받고 있는 것을 알 수 있다.

한편 2019년 하반기 들어 미국의 경우 인근 국가에 대하여 취한 반덤핑관세조사를 중단하기로 하였다. 반덤핑관세의 경우 외국물품이 정상가격 이하 수준으로 수입되면서 자국 내의 산업들이 실질적으로 피해에 노출될 위험(risk)이 있거나 피해에 노출된 경우에 조사하고 확인이 되면서 자국 내의 산업에 대하여 보호의 필요성이 있을 때와 관련되어 있다.

한편 개발도상국가에서는 터키의 경우 세금과 관련하여 중산층의 부담 가중을 비롯하여 여러 요인들이 지적되면서 2019년 하반기에 어려움을 겪기도 하고 있다. 이와 같이 세계적으로 2020년 이후 호황보다는 기업실적과 같은 변수로 살펴볼 때 불황의 확률이 높다고 보는 시각이 시장에서는 존재하고 있는 상황이다. 한국의 경우에 있어서도 투자자들은 이와 같은 국제경제와 국제금융시장에서 국가별로 특이사항이 없는지 잘 살펴보아야 한다.

■ **표 5-5** 미국과 중국의 무역분쟁과 글로벌경제

	특성과 내용적 정리
미국과 중국의 무역분쟁과 글로벌경제	미국이 중국의 미국에 대한 수출품에 관세부과에 있어서 상향추세를 보이고 중국에 있는 미국 회사들이 미국으로 들어오는 것을 희망하는 정책이 2019년 하반기 들어서도 지속되고 있다고 시장에서는 판단하고 있다. 이에 따라 한국의 주식시장도 이와 같은 미국과 중국의 무역분쟁이 격화될 때에는 부정적인 영향을 받고 있는 것을 알 수 있다. 한편 2019년 하반기 들어 미국의 경우 인근 국가에 대하여 취한 반덤핑관세조사를 중단하기로 하였다. 반덤핑관세의 경우 외국물품이 정상가격 이하 수준으로 수입되면서 자국 내의 산업들이 실질적으

로 피해에 노출될 위험(risk)이 있거나 피해에 노출된 경우에 조사하고 확인이 되면서 자국 내의 산업에 대하여 보호의 필요성이 있을 때와 관련되어 있다. 한편 개발도상국가에서는 터키의 경우 세금과 관련하여 중산층의 부담 가중을 비롯하여 여러 요인들이 지적되면서 2019년 하반기에 어려움을 겪기도 하고 있다.

■ **표 5-6** 기업들의 시가총액과 스튜어드십 코드

	특성과 내용적 정리
기업들의 시가총액과 스튜어드십 코드	대외경제 여건 이외에 한국의 경우 주식시장을 통하여 기업들의 시가총액이 지속적으로 안정적인 흐름을 향후에 보이기 위해서는 스튜어드십 코드의 개념이 2018년도 도입된 만큼 배당금의 확대에 대한 기대감과 기업의 지배구조와 관련된 개선 등의 노력이 필요할 것으로 일부의 전문가들은 판단하고 있기도 하다.

■ **그림 5-11** 스튜어드십 코드의 영향

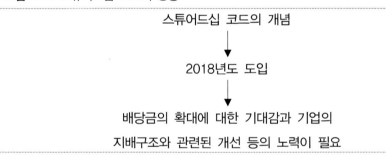

이와 같은 대외경제 여건 이외에 한국의 경우 주식시장을 통하여 기업들의 시가총액이 지속적으로 안정적인 흐름을 향후에 보이기 위해서는 스튜어드십 코드의 개념이 2018년도 도입된 만큼 배당금의 확대에 대한 기대감과 기업의 지배구조와 관련된 개선 등의 노력이 필요할 것으로 일부의 전문가들은 판단하고 있기도 하다.

주식시장을 통한 거래에 있어서 국제적인 안목으로는 미국을 중심으로 하는 금리의 움직임과 환율 등 제반 사항들을 대내외 경제의 변화와 함께 잘 주시해야

한다. 2019년 하반기 들어 미국의 경우 미국의 경기안정을 위하여 투자한 자산에 대한 양도 시에 발생하는 투자수익과 관련하여 세금의 인하방안과 중국으로부터 거두어들인 수입품의 관세에 대하여 미국의 소비자들에게 편익(benefit)을 제공할 수 있는 방안을 찾고 있기도 하다.

■ **표 5-7** 미국의 경기안정과 자국 내의 조세정책과 관세정책

	특성과 내용적 정리
미국의 경기안정과 자국 내의 조세정책과 관세정책	주식시장을 통한 거래에 있어서 국제적인 안목으로는 미국을 중심으로 하는 금리의 움직임과 환율 등 제반 사항들을 대내외 경제의 변화와 함께 잘 주시해야 한다. 2019년 하반기 들어 미국의 경우 미국의 경기안정을 위하여 투자한 자산에 대한 양도 시에 발생하는 투자수익과 관련하여 세금의 인하방안과 중국으로부터 거두어들인 수입품의 관세에 대하여 미국의 소비자들에게 편익(benefit)을 제공할 수 있는 방안을 찾고 있기도 하다.

■ **표 5-8** 한국의 경기안정을 위한 경제정책

	특성과 내용적 정리
한국의 경기안정을 위한 경제정책	한국의 경우에도 한국의 경기안정을 위하여 벤처창업, 일자리의 제공, 새로운 수출시장의 발굴 등이 잘 될 수 있도록 노력을 해나가고 있다. 한국의 글로벌 투자자들에 있어서도 국제적인 주식투자에 따른 수익률 비교와 각국의 세제관련 정책 변화 등에 잘 대처해 나가야 한다. 세제와 관련하여서는 국가들의 대부분이 소비와 소득에 대하여 세금납부를 하도록 하고 있다. 소득세제의 경우 순소득이 발생할 경우 납부하도록 부과되어 있다. 세금의 경우 전가 현상이 발생되어 생산자에게서 소비자에게 세금 납부에 대하여 가격의 형태로 일부분 전이되어 소비자잉여의 감소형태로 나타날 수도 있다. 그리고 가격탄력성을 기준으로 할 때 생산자 또는 소비자에게 있어서 소득세와 소비세 모두 가격탄력성이 비탄력적일 때 또는 탄력적일 때에 따라서 처음 세제부과에 따른 효과가 달리 나타날 수 있다.

한국의 경우에도 한국의 경기안정을 위하여 벤처창업, 일자리의 제공, 새로운 수출시장의 발굴 등이 잘 될 수 있도록 노력을 해나가고 있다. 한국의 글로벌 투자자들에 있어서도 국제적인 주식투자에 따른 수익률 비교와 각국의 세제관련 정책 변화 등에 잘 대처해 나가야 한다. 세제와 관련하여서는 국가들의 대부분이 소비와 소득에 대하여 세금납부를 하도록 하고 있다. 소득세제의 경우 순소득이 발생할 경우 납부하도록 부과되어 있다. 세금의 경우 전가 현상이 발생되어 생산자에게서 소비자에게 세금 납부에 대하여 가격의 형태로 일부분 전이되어 소비자잉여의 감소형태로 나타날 수도 있다. 그리고 가격탄력성을 기준으로 할 때 생산자 또는 소비자에게 있어서 소득세와 소비세 모두 가격탄력성이 비탄력적일 때 또는 탄력적일 때에 따라서 처음 세제부과에 따른 효과가 달리 나타날 수 있다.

■ 표 5-9 디지털금융의 경우 암호화폐의 지갑

	특성과 내용적 정리
디지털금융의 경우 암호화폐의 지갑	디지털금융의 경우 암호화폐의 지갑이 한국에서도 창출되고 있는데, 블록체인과 관련된 생태계에 있어서 대기업과 함께 블록체인의 기득권자의 조합이 이루어질 수 있다고 시장에서 보고 있다.

디지털금융의 경우 암호화폐의 지갑이 한국에서도 창출되고 있는데, 블록체인과 관련된 생태계에 있어서 대기업과 함께 블록체인의 기득권자의 조합이 이루어질 수 있다고 시장에서 보고 있다.[8]

금융시장과 함께 중요한 외환시장에서 원달러환율의 경우 상승 자체는 국내투자 유치에 대한 불리한 여건이 조성되는 것은 사실이지만 한편으로는 채권의 경우 저가의 매수기회로도 볼 수 있는 측면도 있다.

---

8) Alsajjan, B., & Dennis, C.(2010), "Internet banking acceptance model : Cross-market examination", *Journal of Business Research*, 63(9).

	특성과 내용적 정리
원달러환율의 상승과 채권의 관계	금융시장과 함께 중요한 외환시장에서 원달러환율의 경우 상승 자체는 국내투자 유치에 대한 불리한 여건이 조성되는 것은 사실이지만 한편으로는 채권의 경우 저가의 매수기회로도 볼 수 있는 측면도 있다.

2019년 하반기 들어 미국과 중국의 무역 사이에서 상호 관세를 매기는 구조에 대한 영향력으로 코스피지수와 코스닥지수가 하락하면 원달러환율이 상승하는 모습들이 이어지고 있다.

■ 표 5-11 대외경제의 불확실성하에서 코스피지수와 코스닥지수 및 원달러환율의 관계

	특성과 내용적 정리
대외경제의 불확실성하에서 코스피지수와 코스닥지수 및 원달러환율의 관계	2019년 하반기 들어 미국과 중국의 무역 사이에서 상호 관세를 매기는 구조에 대한 영향력으로 코스피지수와 코스닥지수가 하락하면 원달러환율이 상승하는 모습들이 이어지고 있다.

<그림 5-12>에는 코스피지수와 코스닥지수 및 원달러환율의 관계가 나타나 있다. 이 그래프를 살펴보면 코스피지수와 코스닥지수와 원달러환율이 반비례의 구조를 가지고 있기 때문에 코스피지수와 코스닥지수가 하락할 때 원달러환율이 상승하는 한국의 경제양상이다.

한국의 경우 외국인투자자들의 역할이 증시에서 막대한데, 이들은 한국의 지정학적인 위험과 세계 경제 및 무역에 대한 이슈, 한국의 장기적인 성장가능성 등을 고려하여 투자에 대한 결정을 해 나가고 있다.

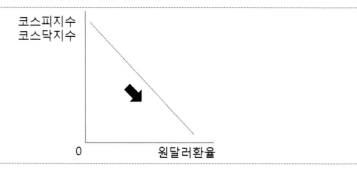

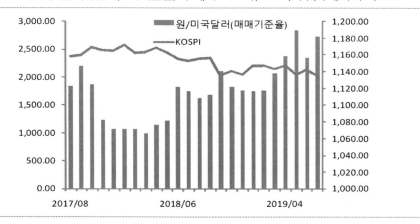

　　<그림 5-13>에는 한국 원/미국달러(매매기준율, 우축)와 코스피(KOSPI)지수 (좌축)의 추이가 표기되어 있다. 이 그래프의 데이터 기간에서 한국 원/미국달러 (매매기준율)와 코스피(KOSPI)지수의 추이는 모두 2017년 8월부터 2019년 7월까지 에 해당하는 월간자료이다.

　　한국 원/미국달러(매매기준율)의 단위는 원이고, 코스피(KOSPI)지수의 단위는 1980.1.4＝100이다. 이 데이터들은 한국은행에서 제공하는 홈페이지의 경제통 계와 관련된 검색시스템에서 간편 검색이라는 사이트를 통하여 수집한 것이다. 이 기간 동안의 한국 원/미국달러(매매기준율)와 코스피(KOSPI)지수의 상관계수 는 -0.75843을 보이고 있다. 따라서 음(-)의 상관성이 있음을 보여주고 있는

것이다.

　＜그림 5－14＞에는 한국 원/미국달러(매매기준율, 우축)와 코스닥(KOSDAQ)지수(좌축)의 추이가 표기되어 있다. 이 그래프의 데이터 기간에서 한국 원/미국달러(매매기준율)와 코스닥(KOSDAQ)지수의 추이는 모두 2017년 8월부터 2019년 7월까지에 해당하는 월간자료이다.

　한국 원/미국달러(매매기준율)의 단위는 원이고, 코스닥(KOSDAQ)지수의 단위는 1996.07.01＝1000이다. 이 데이터들은 한국은행에서 제공하는 홈페이지의 경제통계와 관련된 검색시스템에서 간편 검색이라는 사이트를 통하여 수집한 것이다.

　이 기간 동안의 한국 원/미국달러(매매기준율)와 코스닥(KOSDAQ)지수의 상관계수는 －0.50106을 보이고 있다. 따라서 음(－)의 상관성이 있음을 보여주고 있는 것이다. 하지만 원/미국달러(매매기준율, 우축)와 코스피(KOSPI)지수의 상관계수보다는 다소 낮음을 알 수 있다.

■ **그림 5-14** 한국 원/미국달러(매매기준율, 우축)와 코스닥(KOSDAQ)지수(좌축)의 추이

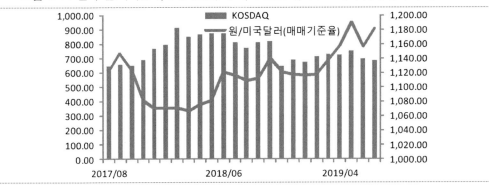

　미국과 중국의 무역분쟁과 관련된 이슈가 제기될 때 국제시장과 국내에서는 금값과 엔화 등 안전자산 선호 현상이 두드러지고 있다. 그리고 여기에 부동산 중에서 특정 지역에 위치한 아파트와 수익을 낼 수 있는 건물에 대한 선호도가 높아지고 있는 것이 현실이다.

　금과 같은 안전자산의 선호 현상에는 이머징마켓에서 중앙은행(central bank)의 금에 대한 보유의 확대가 앞서 다룬 이유들 외에 하나의 역할을 하고 있다. 그리

고 미국 이외에도 유럽의 중앙은행도 양적완화에 대한 가능성이 영향을 준 것도 있다.

■ 표 5-12 금값과 엔화 등 안전자산 선호 현상과 국제적인 이유

	특성과 내용적 정리
금값과 엔화 등 안전자산 선호 현상과 국제적인 이유	미국과 중국의 무역분쟁과 관련된 이슈가 제기될 때 국제시장과 국내에서는 금값과 엔화 등 안전자산 선호 현상이 두드러지고 있다. 그리고 여기에 부동산 중에서 특정 지역에 위치한 아파트와 수익을 낼 수 있는 건물에 대한 선호도가 높아지고 있는 것이 현실이다.
	금과 같은 안전자산의 선호 현상에는 이머징마켓에서 중앙은행 (central bank)의 금에 대한 보유의 확대가 앞서 다른 이유들 외에 하나의 역할을 하고 있다. 그리고 미국 이외에도 유럽의 중앙은행도 양적완화에 대한 가능성이 영향을 준 것도 있다.

■ 표 5-13 장기금리와 단기금리의 역전현상과 경기

	특성과 내용적 정리
장기금리와 단기금리의 역전현상과 경기	일부에서는 최근 글로벌 금융시장에서 경기침체에 대한 우려로 장기금리와 단기금리의 역전현상이 하나의 지표와 같은 역할을 하고 있지만 미국 이외의 국가들에게서도 이와 같은 현상이 일어나고 있어서 세계 경기의 흐름에 대하여 향후 호황보다는 불황 가능성에 무게 중심을 두기도 하고 있다.

일부에서는 최근 글로벌 금융시장에서 경기침체에 대한 우려로 장기금리와 단기금리의 역전현상이 하나의 지표와 같은 역할을 하고 있지만 미국 이외의 국가들에게서도 이와 같은 현상이 일어나고 있어서 세계 경기의 흐름에 대하여 향후 호황보다는 불황 가능성에 무게 중심을 두기도 하고 있다.

그림 5-15 장기금리와 단기금리의 역전현상과 경기의 관계도

장기금리와 단기금리의 역전현상

↓

미국 이회의 국가들에게서도 이와 같은 현상이 일어나

세계 경기 흐름에 대하여 향후 호황보다는

불황 가능성에 무게 중심

그림 5-16 한국 무담보콜금리 전체(좌축)와 국고채(3년, 좌축)의 금리 추이

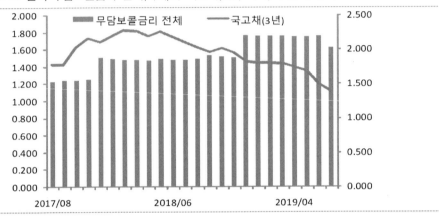

<그림 5−16>에는 한국 무담보콜금리 전체(좌축)와 국고채(3년, 좌축)의 금리 추이가 표기되어 있다. 이 그래프의 데이터 기간에서 한국 무담보콜금리(전체, 좌축)와 국고채(3년, 좌축)의 금리 추이는 모두 2017년 8월부터 2019년 7월까지에 해당하는 월간자료이다.

한국 무담보콜금리 전체와 국고채(3년)의 금리 단위는 연 %이다. 이 데이터들은 한국은행에서 제공하는 홈페이지의 경제통계와 관련된 검색시스템에서 간편 검색이라는 사이트를 통하여 수집한 것이다. 이 기간 동안의 한국 무담보콜금리 전체와 국고채(3년)의 금리의 상관계수는 −0.46433을 보이고 있다. 이러한 상관관계는 금리의 기간 간에 걸친 시차에 따른, 즉 물가상승률 부분이 단기금리에서 장기금리에 프리미엄 형태로 반영되는 측면과 최근 장단기 금리의 역전 등이 복합적으로 반영된 결과로 판단된다.

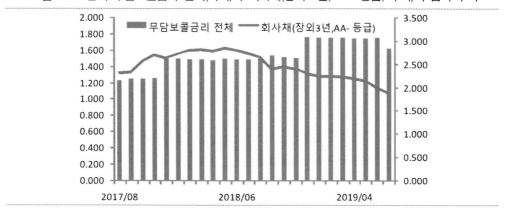

<그림 5-17>에는 한국 무담보콜금리 전체(좌축)와 회사채(장외 3년, AA-
등급, 우축)의 금리 추이가 표기되어 있다. 이 그래프의 데이터 기간에서 한국 무
담보콜금리 전체와 회사채(장외 3년, AA- 등급)의 금리는 모두 2017년 8월부터
2019년 7월까지에 해당하는 월간자료이다.

한국 무담보콜금리 전체와 회사채(장외 3년, AA- 등급)의 금리 단위는 연 %이
다. 이 데이터들은 한국은행에서 제공하는 홈페이지의 경제통계와 관련된 검색시스
템에서 간편 검색이라는 사이트를 통하여 수집한 것이다. 이 기간 동안의 한국 무
담보콜금리 전체와 국회사채(장외 3년, AA- 등급)의 금리의 상관계수는 -0.51824
를 보이고 있다. 이러한 상관관계는 회사채에 근거한 부도위험(default risk)과 금
리의 기간 간에 걸친 시차에 따른, 즉 물가상승률 부분이 단기금리에서 장기금리
에 프리미엄 형태로 반영되는 측면, 최근 장단기 금리의 역전 등이 종합적으로 반
영된 결과로 나타난 것이다.

1. 가상화폐와 상장에 대한 폐지 대상 및 투자에 대한 유의종목에 대하여 설명하시오.

정답

	특성과 내용적 정리
가상화폐와 상장	상장에 대하여 폐지의 대상이 된 가상화폐의 경우 투자에 대한 유의종목이 되고 일정 기간 내에서 개선되지 않으면 상장의 폐지가 되는 것이 논의되고 있다.

2. 인터넷 기반과 연계되는 공유경제 사례로써 미용분야에 대하여 설명하시오.

정답

	특성과 내용적 정리
인터넷 기반과 연계되는 공유경제 사례 : 미용분야	인터넷 기반과 연계되는 공유경제의 경우에는 미용분야에서 유휴 공간에 대한 제공을 받은 사업자는 규칙과 공정성이 있는 세금의 지불 의무를 지는 등 다양한 형태로 발전해 나가고 있다.

3. 법인세율의 인상과 경제성장률에 대하여 설명하시오.

정답

	특성과 내용적 정리
법인세율의 인상과 경제성장률	기업과 관련하여 세제와 함께 살펴보면 법인세율의 인상이 이루어질 때 자본에 대한 사용자의 비용이 증가하게 되고 이는 투자 및 자본스톡의 감소로 이어질 수 있다고 판단한다. 이들은 자본스톡은 투자의 합으로도 판단하기도 한다. 그리고 이들은 이에 따라 노동자들의 생산성이 줄어들게 되어 경제성장률이 하락하는 경제의 악순환 현상이 발생할 수도 있다고 보고 있다.

4. 국가의 위험요소와 투자에 대하여 설명하시오.

정답

	특성과 내용적 정리
국가의 위험요소와 투자	경제성장률과 금융의 선진화 등이 고려되어 세계적인 평가 회사들이 국가에 대한 위험도를 평가하는데 국가의 위험요소가 줄어들 때 해당 국가에게 있어서는 세계 각국에서의 투자 증가로의 긍정적인 효과가 나타날 수 있다.

5. 미국과 중국의 무역분쟁과 글로벌경제에 대하여 설명하시오.

정답

미국이 중국의 미국에 대한 수출품에 관세부과에 있어서 상향추세를 보이고 중국에 있는 미국 회사들이 미국으로 들어오는 것을 희망하는 정책이 2019년 하반기 들어서도 지속되고 있다고 시장에서는 판단하고 있다. 이에 따라 한국의 주식시장도 이와 같은 미국과 중국의 무역분쟁이 격화될 때에는 부정적인 영향을 받고 있는 것을 알 수 있다.

한편 2019년 하반기 들어 미국의 경우 인근 국가에 대하여 취한 반덤핑관세조사를 중단하기로 하였다. 반덤핑관세의 경우 외국물품이 정상가격의 이하수준으로 수입되면서 자국 내의 산업들이 실질적으로 피해에 노출될 위험(risk)이 있거나 피해에 노출된 경우에 조사하고 확인이 되면서 자국 내의 산업에 대하여 보호의 필요성이 있을 때와 관련되어 있다. 한편 개발도상국가에서는 터키의 경우 세금과 관련하여 중산층의 부담 가중을 비롯하여 여러 요인들이 지적되면서 2019년 하반기에 어려움을 겪기도 하고 있다.

6. 기업들의 시가총액과 스튜어드십 코드에 대하여 설명하시오.

정답

	특성과 내용적 정리
기업들의 시가총액과 스튜어드십 코드	대외경제 여건 이외에 한국의 경우 주식시장을 통하여 기업들의 시가총액이 지속적으로 안정적인 흐름을 향후에 보이기 위해서는 스튜어드십 코드의 개념이 2018년도 도입된 만큼 배당금의 확대에 대한 기대감과 기업의 지배구조와 관련된 개선 등의 노력이 필요할 것으로 일부의 전문가들은 판단하고 있기도 하다.

7. 미국의 경기안정과 자국 내의 조세정책과 관세정책에 대하여 설명하시오.

정답

	특성과 내용적 정리
미국의 경기안정과 자국 내의 조세정책과 관세정책	주식시장을 통한 거래에 있어서 국제적인 안목으로는 미국을 중심으로 하는 금리의 움직임과 환율 등 제반 사항들을 대내외 경제의 변화와 함께 잘 주시해야 한다. 2019년 하반기 들어 미국의 경우 미국의 경기안정을 위하여 투자한 자산에 대한 양도 시에 발생하는 투자수익과 관련하여 세금의 인하방안과 중국으로부터 거두어들인 수입품의 관세에 대하여 미국의 소비자들에게 편익(benefit)을 제공할 수 있는 방안을 찾고 있기도 하다.

8. 한국의 경기안정을 위한 경제정책에 대하여 설명하시오.

정답

　　한국의 경우에도 한국의 경기안정을 위하여 벤처창업, 일자리의 제공, 새로운 수출시장의 발굴 등이 잘 될 수 있도록 노력을 해나가고 있다. 한국의 글로벌 투자자들에 있어서도 국제적인 주식투자에 따른 수익률 비교와 각국의 세제관련 정책 변화 등에 잘 대처해 나가야 한다. 세제와 관련하여서는 국가들의 대부분이 소비와 소득에 대하여 세금납부를 하도록 하고 있다. 소득세제의 경우 순소득이 발생할 경우 납부하도록 부과되어 있다. 세금의 경우 전가 현상이 발생되어 생산자에게서 소비자에게 세금 납부에 대하여 가격의 형태로 일부분 전이되어 소비자잉여의 감소형태로 나타날 수도 있다. 그리고 가격탄력성을 기준으로 할 때 생산자 또는 소비자에게 있어서 소득세와 소비세 모두 가격탄력성이 비탄력적일 때 또는 탄력적일 때에 따라서 처음 세제부과에 따른 효과가 달리 나타날 수 있다.

9. 디지털금융의 경우 암호화폐의 지갑에 대하여 설명하시오.

정답

	특성과 내용적 정리
디지털금융의 경우 암호화폐의 지갑	디지털금융의 경우 암호화폐의 지갑이 한국에서도 창출되고 있는데, 블록체인과 관련된 생태계에 있어서 대기업과 함께 블록체인의 기득권자의 조합이 이루어질 수 있다고 시장에서 보고 있다.

10. 원달러환율의 상승과 채권의 관계에 대하여 설명하시오.

정답

	특성과 내용적 정리
원달러환율의 상승과 채권의 관계	금융시장과 함께 중요한 외환시장에서 원달러환율의 경우 상승 자체는 국내투자 유치에 대한 불리한 여건이 조성되는 것은 사실이지만 한편으로는 채권의 경우 저가의 매수기회로도 볼 수 있는 측면도 있다.

11. 대외경제의 불확실성 하에서 코스피지수와 코스닥지수 및 원달러환율의 관계에 대하여 설명하시오.

정답

	특성과 내용적 정리
대외경제의 불확실성 하에서 코스피지수와 코스닥지수 및 원달러환율의 관계	2019년 하반기 들어 미국과 중국의 무역 사이에서 상호 관세를 매기는 구조에 대한 영향력으로 코스피지수와 코스닥지수가 하락하면 원달러환율이 상승하는 모습들이 이어지고 있다.

12. 금값과 엔화 등 안전자산 선호 현상과 국제적인 이유에 대하여 설명하시오.

정답

　미국과 중국의 무역분쟁과 관련된 이슈가 제기될 때 국제시장과 국내에서는 금값과 엔화 등 안전자산 선호 현상이 두드러지고 있다. 그리고 여기에 부동산 중에서 특정 지역에 위치한 아파트와 수익을 낼 수 있는 건물에 대한 선호도가 높아지고 있는 것이 현실이다.

　금과 같은 안전자산의 선호 현상에는 이머징마켓에서 중앙은행(central bank)의 금에 대한 보유의 확대가 앞서 다룬 이유들 외에 하나의 역할을 하고 있다. 그리고 미국 이외에도 유럽의 중앙은행도 양적완화에 대한 가능성이 영향을 준 것도 있다.

13. 장기금리와 단기금리의 역전현상과 경기에 대하여 설명하시오.

정답

	특성과 내용적 정리
장기금리와 단기금리의 역전현상과 경기	일부에서는 최근 글로벌 금융시장에서 경기침체에 대한 우려로 장기금리와 단기금리의 역전현상이 하나의 지표와 같은 역할을 하고 있지만 미국 이외의 국가들에게서도 이와 같은 현상이 일어나고 있어서 세계 경기의 흐름에 대하여 향후 호황보다는 불황 가능성에 무게 중심을 두기도 하고 있다.

핀테크 산업으로서
디지털 금융의 유용성

제1절 디지털금융과 규모의 경제

■ **그림 6-1** 미국 T/Bill(6M)(좌축)과 T/Note(5년)(우축)의 금리 추이

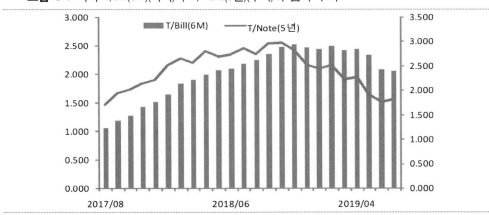

<그림 6-1>에는 미국 T/Bill(6M)(좌축)과 T/Note(5년)(우축)의 금리 추이가

표기되어 있다. 이 그래프의 데이터 기간에서 미국 T/Bill(6M)과 T/Note(5년)의 금리는 모두 2017년 8월부터 2019년 7월까지에 해당하는 월간자료이다.

미국 T/Bill(6M)과 T/Note(5년)의 금리 단위는 연 %이다. 이 데이터들은 한국은행에서 제공하는 홈페이지의 경제통계와 관련된 검색시스템에서 간편 검색이라는 사이트를 통하여 수집한 것이다.

이 기간 동안의 미국 T/Bill(6M)과 T/Note(5년) 금리의 상관계수는 0.51751을 보이고 있다. 일반적으로는 단기금리가 변동한 후 일정 기간 후에 장기금리에 영향을 주어 변화하는 것을 알 수 있다.

2019년 하반기에는 미국에서 주식시장과 관련하여 경기후퇴(business recession)의 우려감이 있을 때마다 미국의 장기와 단기금리 간의 역전 현상이 발생되고 있다. 이는 미국과 중국 간에 지속되고 있는 무역에 있어서의 마찰과 관련되어 비롯되고 있는 것이다.

그림 6-2 미국 T/Bill(6M)(좌축)과 T/Note(10년)(우축)의 금리 추이

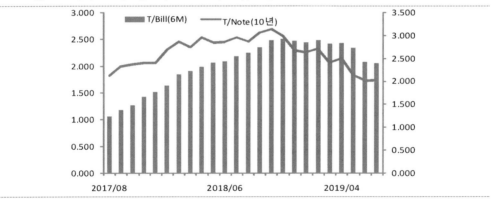

<그림 6-2>에는 미국 T/Bill(6M)(좌축)과 T/Note(10년)(우축)의 금리 추이가 표기되어 있다. 이 그래프의 데이터 기간에서 미국 T/Bill(6M)과 T/Note(10년)의 금리는 모두 2017년 8월부터 2019년 7월까지에 해당하는 월간자료이다.

미국 T/Bill(6M)과 T/Note(10년)의 금리 단위는 연 %이다. 이 데이터들은 한국은행에서 제공하는 홈페이지의 경제통계와 관련된 검색시스템에서 간편 검색이

라는 사이트를 통하여 수집한 것이다.

이 기간 동안의 미국 T/Bill(6M)과 T/Note(10년) 금리의 상관계수는 0.42059를 보이고 있다. 시장전문가들은 최근 미국의 장단기금리의 역전 현상에 대하여 실증적인 분석을 토대로 실제로 장단기금리 간의 역전 현상이 발생한 이후 평균적으로 21개월에서 23개월 사이에서 경기에 대한 부정적인 영향이 나타났음을 지적하고 있다.

<그림 6-3>에는 미국 T/Bill(6M)(좌축)과 T/Bond(30년)(우축)의 금리 추이가 표기되어 있다. 이 그래프의 데이터 기간에서 미국 T/Bill(6M)과 T/Bond(30년)의 금리는 모두 2017년 8월부터 2019년 7월까지에 해당하는 월간자료이다.

미국 T/Bill(6M)과 T/Bond(30년)의 금리 단위는 연 %이다. 이 데이터들은 한국은행에서 제공하는 홈페이지의 경제통계와 관련된 검색시스템에서 간편 검색이라는 사이트를 통하여 수집한 것이다.

이 기간 동안의 미국 T/Bill(6M)과 T/Bond(30년) 금리의 상관계수는 0.37939를 보이고 있다. T/Bill(6M)과 T/Bond(30년) 금리 간에는 분석 기간 동안 장단기금리 간에 있어서 역전 현상이 발생하지는 않고 있지만 그 간격이 좁혀들고 있는 것이 현실이다.

일부의 시장전문가들에 따르면, 미국 국채의 장단기금리에 있어서 역전이 발생할 경우 11개월을 넘어 19개월 이상에서 실제로 경기침체의 현실에 직면할 수 있다고 판단하고 있기도 한 상황이다.

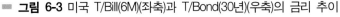

그림 6-3 미국 T/Bill(6M)(좌축)과 T/Bond(30년)(우축)의 금리 추이

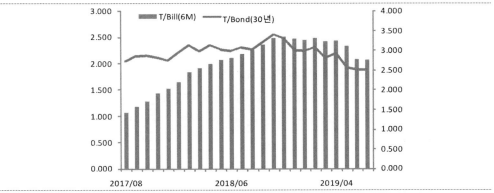

2019년 하반기 금값의 움직임 못지않게 이전에 비트코인을 중심으로 대단한 관심을 이끌었던 가상화폐시장의 경우에 있어서 리브라라는 페이스북의 가상화폐에서 감독당국에게서 이목이 집중되면서 활성화의 진전이 어려운 상황이라고 전문가들은 언급하고 있다.

■ **표 6-1** 가상화폐시장에서의 리브라

	특성과 내용적 정리
가상화폐시장에서의 리브라	2019년 하반기 금값의 움직임 못지않게 이전에 비트코인을 중심으로 대단한 관심을 이끌었던 가상화폐시장의 경우에 있어서 리브라라는 페이스북의 가상화폐에서 감독당국에게서 이목이 집중되면서 활성화의 진전이 어려운 상황이라고 전문가들은 언급하고 있다.

이와 다른 시각에서 영국의 중앙은행(central bank) 총재는 페이스북의 가상화폐인 리브라에 대하여 이러한 디지털통화(digital currency)가 미국의 달러화를 대체할 자산수단이 될 수 있다는 의견을 내놓고 있기도 하다.

■ **표 6-2** 가상화폐 리브라와 달러화

	특성과 내용적 정리
가상화폐 리브라와 달러화	영국의 중앙은행(central bank) 총재는 페이스북의 가상화폐인 리브라에 대하여 이러한 디지털통화(digital currency)가 미국의 달러화를 대체할 자산수단이 될 수 있다는 의견을 내놓고 있기도 하다.

독일의 경우에는 당국의 승인으로 인하여 유럽의 지역들에 위치한 부동산들에 대하여 블록체인 기술을 활용해 토큰화 방안을 한 회사가 제시하고 있다. 이와 같이 블록체인과 가상화폐에 대한 논의 및 활동이 지속적인 관심을 받고 있다.

	특성과 내용적 정리
독일의 부동산업과 블록체인 기술의 활용의 관계성	독일의 경우에는 당국의 승인으로 인하여 유럽의 지역들에 위치한 부동산들에 대하여 블록체인 기술을 활용해 토큰화 방안을 한 회사가 제시하고 있다. 이와 같이 블록체인과 가상화폐에 대한 논의 및 활동이 지속적인 관심을 받고 있다.

한국의 경우에 있어서는 블록체인(Blockchain)과 관련하여 원천기술의 확보가 중요함을 전문가들은 지적하고 있다.[9] 한국의 전문가그룹 내에서 논의되고 있는 블록체인관련 이슈 중 하나는 기술과 관련하여 합의의 알고리즘과 관련된 것이고 다른 한 가지는 사업과 관련하여 암호화폐의 ICO(Initial Coin Offerings)와 관련된 공개에 대한 것이다.

■ **표 6-4** 블록체인관련 합의의 알고리즘과 암호화폐의 ICO

	특성과 내용적 정리
블록체인관련 합의의 알고리즘과 암호화폐의 ICO	한국의 경우에 있어서는 블록체인(Blockchain)과 관련하여 원천기술의 확보가 중요함을 전문가들은 지적하고 있다. 한국의 전문가그룹 내에서 논의되고 있는 블록체인관련 이슈 중 하나는 합의의 알고리즘과 관련된 것이고 다른 한 가지는 암호화폐의 ICO(Initial Coin Offerings)와 관련된 공개에 대한 것이다.

---

9) Henry, S. & Walsh, L.(2010), E-commerce emergence in developed nations, 3rd Ed.

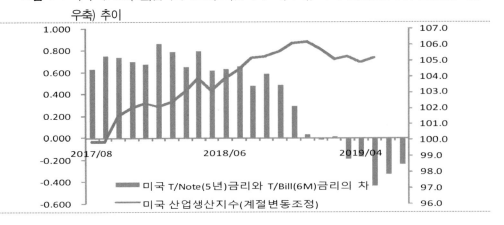

그림 6-4 미국 T/Note(5년)금리와 T/Bill(6M)금리의 차(좌축), 미국 산업생산지수(계절변동조정, 우축) 추이

<그림 6-4>에는 미국 T/Note(5년)금리와 T/Bill(6M)금리의 차(좌축), 미국 산업생산지수(계절변동조정, 우축) 추이가 표기되어 있다. 이 그래프의 데이터 기간에서 미국 T/Note(5년)금리와 T/Bill(6M)금리의 차, 미국 산업생산지수는 각각 2017년 8월부터 2019년 7월과 2017년 8월부터 2019년 5월까지에 해당하는 월간 자료이다.

미국 T/Note(5년)금리와 T/Bill(6M)금리의 차, 미국 산업생산지수의 단위는 각각 연 %와 2015=100이다. 이 데이터들은 한국은행에서 제공하는 홈페이지의 경제통계와 관련된 검색시스템에서 간편 검색이라는 사이트를 통하여 수집한 것이다.

이 기간 동안의 미국 T/Note(5년)금리와 T/Bill(6M)금리의 차, 미국 산업생산지수의 상관계수는 −0.65236이다. 미국 T/Note(5년)금리와 T/Bill(6M)금리의 차의 역전 현상은 2019년 1월과 2019년 3월 이후 2019년 7월까지의 기간 동안 지속된 것을 알 수 있다.

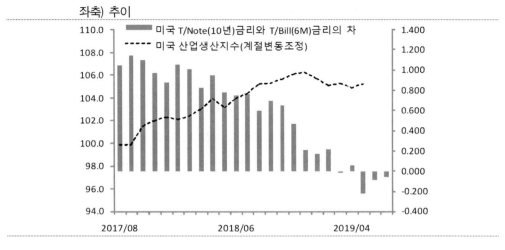

■ **그림 6-5** 미국 T/Note(10년)금리와 T/Bill(6M)금리의 차(우축), 미국 산업생산지수(계절변동조정, 좌축) 추이

<그림 6-5>에는 미국 T/Note(10년)금리와 T/Bill(6M)금리의 차(우축), 미국 산업생산지수(계절변동조정, 좌축) 추이가 표기되어 있다. 이 그래프의 데이터 기간에서 미국 T/Note(10년)금리와 T/Bill(6M)금리의 차, 미국 산업생산지수는 각각 2017년 8월부터 2019년 7월과 2017년 8월부터 2019년 5월까지에 해당하는 월간 자료이다.

미국 T/Note(10년)금리와 T/Bill(6M)금리의 차, 미국 산업생산지수의 단위는 각각 연 %와 2015＝100이다. 이 데이터들은 한국은행에서 제공하는 홈페이지의 경제통계와 관련된 검색시스템에서 간편 검색이라는 사이트를 통하여 수집한 것이다. 이 기간 동안의 미국 T/Note(10년)금리와 T/Bill(6M)금리의 차, 미국 산업생산지수의 상관계수는 −0.77617이다. 미국 T/Note(10년)금리와 T/Bill(6M)금리의 차의 역전 현상은 2019년 3월과 2019년 5월 이후 2019년 7월까지의 기간 동안 지속된 것으로 나타났다.

<그림 6-6>에는 미국 T/Bond(30년)금리와 T/Bill(6M)금리의 차(좌축), 미국 산업생산지수(계절변동조정, 우축) 추이가 표기되어 있다. 이 그래프의 데이터 기간에서 미국 T/Bond(30년)금리와 T/Bill(6M)금리의 차, 미국 산업생산지수는 각각 2017년 8월부터 2019년 7월과 2017년 8월부터 2019년 5월까지에 해당하는 월간 자료이다.

미국 T/Bond(30년)금리와 T/Bill(6M)금리의 차, 미국 산업생산지수의 단위는 각각 연 %와 2015＝100이다. 이 데이터들은 한국은행에서 제공하는 홈페이지의 경제통계와 관련된 검색시스템에서 간편 검색이라는 사이트를 통하여 수집한 것 이다. 이 기간 동안의 미국 T/Bond(30년)금리와 T/Bill(6M)금리의 차, 미국 산업 생산지수의 상관계수는 －0.90002이다.

그림 6-6 미국 T/Bond(30년)금리와 T/Bill(6M)금리의 차(좌축), 미국 산업생산지수(계절변동조정, 우축) 추이

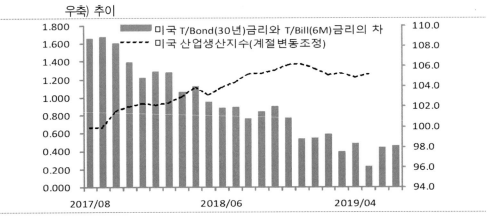

이와 같은 미국을 비롯한 세계 경제의 불확실성 증가로 한국 정부에서는 서민 층과 중산층의 경제를 위해 증세보다는 다른 방안들을 통하여 세원 조달을 위하 여 노력하고 있다. 여기에 전문가들 중에서는 국채발행과 함께 재정건전성에 문제 가 없는지도 함께 고려해 나가고 있는 것이다. 한편 한국에서의 세원 조달의 측면 에서 소비세 중에서는 2017년의 경우 자동차와 관련된 개별소비세의 징수가 높은 비중을 차지하고 있는 것으로 알려져 있다. 아무튼 일부의 전문가들은 직접세와 간접세의 비중이 부에 대한 공평한 과세적인 측면에서 잘 이루어져야 한다고 주 장하고 있다.

	특성과 내용적 정리
세원 조달과 국채발행, 개별소비세	미국을 비롯한 세계 경제의 불확실성 증가로 한국 정부에서는 서민층과 중산층의 경제를 위해 증세보다는 다른 방안들을 통하여 세원 조달을 위하여 노력하고 있다. 여기에 전문가들 중에서는 국채발행과 함께 재정건전성에 문제가 없는지도 함께 고려해 나가고 있는 것이다. 한편 한국에서의 세원 조달의 측면에서 소비세 중에서는 2017년의 경우 자동차와 관련된 개별소비세의 징수가 높은 비중을 차지하고 있는 것으로 알려져 있다. 아무튼 일부의 전문가들은 직접세와 간접세의 비중이 부에 대한 공평한 과세적인 측면에서 잘 이루어져야 한다고 주장하고 있다.

절세의 측면에 있어서 개인들에게 직면할 수 있는 상속세의 경우에 있어서는 상속자산이 많은 경우에 있어서는 6개월 이내에 매도를 하든지 또는 감정평가가 이루어지면 가액에 따른 경정의 가능성으로 인하여 추가적인 상속세부담이 증가할 수 있어서 상속세가 늘어나는 부분과 향후 매도 시 양도소득세에 대하여 판단하여 재산에 대한 매매 및 평가를 결정해 나가는 것이 좋다는 것이 이것에 관련된 의견이다.

■ **표 6-6** 절세의 측면과 상속세, 양도소득세

	특성과 내용적 정리
절세의 측면과 상속세, 양도소득세	절세의 측면에 있어서 개인들에게 직면할 수 있는 상속세의 경우에 있어서는 상속자산이 많은 경우에 있어서는 6개월 이내에 매도를 하든지 또는 감정평가가 이루어지면 가액에 따른 경정의 가능성으로 인하여 추가적인 상속세부담이 증가할 수 있어서 상속세가 늘어나는 부분과 향후 매도 시 양도소득세에 대하여 판단하여 재산에 대한 매매 및 평가를 결정해 나가는 것이 좋다는 것이 이것에 관련된 의견이다.

한편 한국과 무역 관련된 이슈들을 제기하고 있는 일본의 경우에 있어서도 소득주도의 성장을 추구하였지만 다른 점은 한국은 개별적인 측면이고 일본은 가구소득을 중심으로 하였다는 점에서 차이가 있다. 2019년 하반기 일본의 경제는 여전히 낮은 성장률을 보이고 있지만 파트타임과 비정규직, 아르바이트가 활성화되어 있어서 일자리는 부족하지 않은 상태로 보인다고 일부의 전문가들은 판단하고 있다.

한국과 일본의 무역과 관련된 이슈들에 따른 한국 경제에 대한 악영향을 우려해 시중은행들에서도 부품 및 소재 전문기업들과 기술혁신에 해당하는 중소기업 등에 대하여 기한의 연장에 따른 상환비율의 축소방안도 검토되고 있다.

■ **표 6-7** 한국과 일본의 무역과 관련된 이슈들과 시중은행의 지원방안

	특성과 내용적 정리
한국과 일본의 무역과 관련된 이슈들과 시중은행의 지원방안	한국과 무역 관련된 이슈들을 제기하고 있는 일본의 경우에 있어서도 소득주도의 성장을 추구하였지만 다른 점은 한국은 개별적인 측면이고 일본은 가구소득을 중심으로 하였다는 점에서 차이가 있다. 2019년 하반기 일본의 경제는 여전히 낮은 성장률을 보이고 있지만 파트타임과 비정규직, 아르바이트가 활성화되어 있어서 일자리는 부족하지 않은 상태로 보인다고 일부의 전문가들은 판단하고 있다.
	한국과 일본의 무역과 관련된 이슈들에 따른 한국 경제에 대한 악영향을 우려해 시중은행들에서도 부품 및 소재 전문기업들과 기술혁신에 해당하는 중소기업 등에 대하여 기한의 연장에 따른 상환비율의 축소방안도 검토되고 있다.

한국 정부는 건강보험에 대한 보장성의 강화를 위한 정책적인 측면의 추진을 비롯하여 국민들의 삶의 질에 대한 향상을 위하여 노력해 나가고 있기도 하다. 이는 재정학적인 측면에서 정부의 세원조달과 정부지출과 관련된 부분이고, 미국과 중국의 무역관련 상호의 관세부과와 한국과 일본의 무역관련 이슈 등이 금융시장에 대한 좋지 않은 충격을 완화하기 위하여 2019년 하반기 일부의 전문가들 중에서는 증권거래세의 폐지와 양도차익 부과 방안까지 제시하고 있다.

	특성과 내용적 정리
증권거래세의 폐지 논의와 양도차익 부과 방안의 의견	한국 정부는 건강보험에 대한 보장성의 강화를 위한 정책적인 측면의 추진을 비롯하여 국민들의 삶의 질에 대한 향상을 위하여 노력해 나가고 있기도 하다. 이는 재정학적인 측면에서 정부의 세원조달과 정부지출과 관련된 부분이고, 미국과 중국의 무역관련 상호의 관세부과와 한국과 일본의 무역관련 이슈 등이 금융시장에 대한 좋지 않은 충격을 완화하기 위하여 2019년 하반기 일부의 전문가들 중에서는 증권거래세의 폐지와 양도차익 부과 방안까지 제시하고 있다.

한편 2019년 상반기에 있어서 한국의 주식시장(stock market)에는 MSCI지수에서 이머징마켓지수 안에 있는 중국의 비중에 대한 확대도 좋지 않은 영향을 주었다. 2019년 하반기 들어서는 이와 같이 대외적으로 한국 주식시장에 좋지 않은 영향들로 인하여 일부 전문가들 사이에서는 금융과 관련된 세제 개편과 관련된 방안도 제시하고 있기도 하다.

■ 표 6-9 금융과 관련된 세제 개편 방안 논의

	특성과 내용적 정리
금융과 관련된 세제 개편 방안 논의	2019년 상반기에 있어서 한국의 주식시장(stock market)에는 MSCI지수에서 이머징마켓지수 안에 있는 중국의 비중에 대한 확대도 좋지 않은 영향을 주었다. 2019년 하반기 들어서는 이와 같이 대외적으로 한국 주식시장에 좋지 않은 영향들로 인하여 일부 전문가들 사이에서는 금융과 관련된 세제 개편과 관련된 방안도 제시하고 있기도 하다.

■ 표 6-10 기금형의 퇴직연금에 대한 제도의 도입 방안 논의와 오스트레일리아의 사례

	특성과 내용적 정리
기금형의 퇴직연금에 대한	금융시장의 발전과 관련하여 일부 전문가들은 기금형의 퇴직연금에 대한 제도의 도입과 같은 방안을 제시하고 있다. 이와 같은 기금형

제도의 도입 방안 논의와 오스트레일리아의 사례	의 퇴직연금에 대한 제도 도입을 위한 방안에는 노후보장의 시스템과 관련되어 있다.
	오스트레일리아의 경우 기금형의 퇴직연금이 활성화되어 있는 국가로 알려져 있는데, 여기서 기금형의 의미는 회사의 외부로 하는 수탁법인(타 회사들과 연합체 혹은 단독의 설립)에 의하여 퇴직연금과 관련된 적립금운영이 이루어지도록 하고 있는 시스템과 관련되어 있다.

금융시장의 발전과 관련하여 일부 전문가들은 기금형의 퇴직연금에 대한 제도의 도입과 같은 방안을 제시하고 있다. 이와 같은 기금형의 퇴직연금에 대한 제도 도입을 위한 방안에는 노후보장의 시스템과 관련되어 있다.

오스트레일리아의 경우 기금형의 퇴직연금이 활성화되어 있는 국가로 알려져 있는데, 여기서 기금형의 의미는 회사의 외부로 하는 수탁법인(타 회사들과 연합체 혹은 단독의 설립)에 의하여 퇴직연금과 관련된 적립금운영이 이루어지도록 하고 있는 시스템과 관련되어 있다.

■ 표 6-11 선진 7개국의 소비지국에 대한 과세권의 강화 방안 논의

	특성과 내용적 정리
선진 7개국의 소비지국에 대한 과세권의 강화 방안 논의	선진 7개국의 경우 디지털경제(digital economy) 시대에 과세에 대한 국가 간의 배분과 관련된 규칙의 제정으로 인하여 소비지국에 대한 과세권의 강화를 염두에 두고 협상을 진행하고 있다.

선진 7개국의 경우 디지털경제(digital economy) 시대에 과세에 대한 국가 간의 배분과 관련된 규칙의 제정으로 인하여 소비지국에 대한 과세권의 강화를 염두에 두고 협상을 진행하고 있다.

■ 표 6-12 디지털 금융과 규모의 경제

	특성과 내용적 정리
디지털 금융과 규모의 경제	디지털 금융의 경우 추적 및 디지털기록에 의한 용이성과 명확성으로 인하여 비용의 절감에 따른 규모의 경제로 향후 빠른 속도로 발전해 나갈 수 있을 것으로 일부의 전문가들은 전망하고 있다. 또한 각종 뇌물과 관련된 비용 지불의 감소로 인하여 사회보장성의 지불비용이 줄어드는 것으로 일부 전문가들은 파악하고 있기도 하다.

한편 디지털 금융의 경우 추적 및 디지털기록에 의한 용이성과 명확성으로 인하여 비용의 절감에 따른 규모의 경제로 향후 빠른 속도로 발전해 나갈 수 있을 것으로 일부의 전문가들은 전망하고 있다. 또한 각종 뇌물과 관련된 비용 지불의 감소로 인하여 사회보장성의 지불비용이 줄어드는 것으로 일부 전문가들은 파악하고 있기도 하다.

■ 그림 6-7 디지털 금융과 규모의 경제

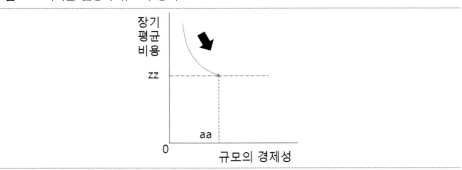

<그림 6-7>에는 디지털 금융과 규모의 경제에 대한 관계가 나타나 있다. 이는 aa점까지 규모의 경제와 디지털 금융의 확대 및 이용의 증가가 이루어질수록 장기평균비용이 zz점까지 하락할 수 있다는 것이다.

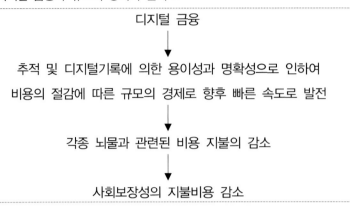

디지털 금융

추적 및 디지털기록에 의한 용이성과 명확성으로 인하여
비용의 절감에 따른 규모의 경제로 향후 빠른 속도로 발전

각종 뇌물과 관련된 비용 지불의 감소

사회보장성의 지불비용 감소

■ **표 6-13** 저금리 추세와 부동산(아파트 등)과 금 투자의 추세와 유의점

	특성과 내용적 정리
저금리 추세와 부동산(아파트 등)과 금 투자의 추세와 유의점	한국의 국책은행 경우에 있어서 2020년까지 기준금리의 인하를 예상하고 있는데, 이 기관은 대외 경제적인 불확실성의 증가로 인한 측면과 국내 경기의 좋지 않은 양상 등을 고려하여 이와 같은 의견을 제시하고 있다.
	저금리 추세로 인하여 금융상품에 가입하기 보다는 아파트를 비롯한 부동산이나 금과 같은 실물자산에 사람들의 관심이 증가하고 있는 것이 2019년 하반기의 현실이다. 수익을 고려하여 투자하는 부동산의 경우에 있어서는 대내외적인 경기둔화가 예상되면 공실에 대한 위험도의 증가와 수익률의 감소가 이루어질 수 있다고 전문가들은 보고 있다.

어쨌든 한국의 국책은행 경우에 있어서 2020년까지 기준금리의 인하를 예상하고 있는데, 이 기관은 대외 경제적인 불확실성의 증가로 인한 측면과 국내 경기의 좋지 않은 양상 등을 고려하여 이와 같은 의견을 제시하고 있다.

이와 같은 저금리 추세로 인하여 금융상품에 가입하기보다는 아파트를 비롯한 부동산이나 금과 같은 실물자산에 사람들의 관심이 증가하고 있는 것이 2019년 하반기의 현실이다. 수익을 고려하여 투자하는 부동산의 경우에 있어서는 대내외적인 경기둔화가 예상되면 공실에 대한 위험도의 증가와 수익률의 감소가 이루어

질 수 있다고 전문가들은 보고 있다.

■ **그림 6-9** 경기와 수익추구 부동산 투자에 따른 수익률 및 공실률의 관계

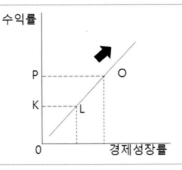

　　<그림 6-9>에는 경기와 수익추구 부동산 투자에 따른 수익률 및 공실률의 관계가 나타나 있다. 여기서 경기가 좋은 흐름으로 경제성장률이 L점에서 O점의 방향으로 이동 시에 수익률은 K점에서 P점 방향으로 이동하게 된다. 따라서 경제성장률이 하락할 경우에는 공실의 위험성이나 수익률의 저하가 발생할 수 있는 것이다.

　　한편 세제와 관련하여서는 2020년부터 고가의 비주거용에 해당하는 일반건물에 대한 증여 및 상속세 산정 시 감정평가의 의뢰에 따른 건물시가의 산정을 추진해 나가는 것이 논의 되고 전문가들은 파악하고 있다.

제2절　핀테크 산업으로서 디지털 금융의 장점과 발전 양상

　　2019년 하반기 들어 안전자산에 대한 선호현상으로 금값이 실물자산 중에서 가장 수익률이 높은 상품 중에 하나이다. 이와 같은 금값의 경우 관심이 모아지면서 거래량이 급증하고 가격도 오르고 있는 것이다.

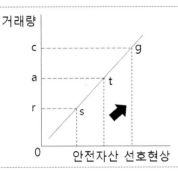

<그림 6-10>에는 안전자산에 대한 선호현상과 거래량의 관계가 나타나 있다. 예를 들어 안전자산의 선호현상의 증가로 인하여 s점과 t점 및 g점으로 이동하면 이들 안전자산에 대한 거래량도 차례대로 각각 r점과 a점, c점으로 이동하는 것을 알 수 있다.

■ **표 6-14** 안전자산에 대한 선호현상과 거래량의 관계 사례 : 금(gold)

	특성과 내용적 정리
안전자산에 대한 선호현상과 거래량의 관계 사례 : 금	안전자산에 대한 선호현상으로 금값이 실물자산 중에서 가장 수익률이 높은 상품 중에 하나이다. 이와 같은 금값의 경우 관심이 모아지면서 거래량이 급증하고 가격도 오르고 있는 것이다.

한편 2017년 이후 주목을 이끌었던 가상화폐와 꾸준히 관심도가 높은 블록체인과 관련하여서는 2019년 하반기 들어 전문가들 사이에서 가상화폐의 거래에 있어서 투명성제고를 위하여 거래소의 신고와 관련된 방안의 논의가 진행되고 있다.

■ **표 6-15** 가상화폐 거래의 거래소 신고와 관련된 방안

	특성과 내용적 정리
가상화폐 거래의 거래소의 신고와 관련된 방안	2017년 이후 주목을 이끌었던 가상화폐와 꾸준히 관심도가 높은 블록체인과 관련하여서는 2019년 하반기 들어 전문가들 사이에서 가상화폐의 거래에 있어서 투명성제고를 위하여 거래소의 신고와 관련된 방안의 논의가 진행되고 있다.

해외시장의 동향을 살펴보면, 홍콩의 경우 아시아의 금융허브로 일컬어지는 만큼 디지털금융 관련하여 인터넷 전문은행 2019년 4월을 전후로 하여 7개에서 9개 사이에서 인가되는 추세를 보이고 있다.

■ **표 6-16** 인터넷 전문은행 인가의 홍콩 사례

	특성과 내용적 정리
인터넷 전문은행 인가의 홍콩 사례	해외시장의 동향을 살펴보면, 홍콩의 경우 아시아의 금융허브로 일컬어지는 만큼 디지털금융 관련하여 인터넷 전문은행 2019년 4월을 전후로 하여 7개에서 9개 사이에서 인가되는 추세를 보이고 있다.

이와 같은 디지털금융의 강점은 자동화시스템으로 인한 금융거래비용이 획기적으로 줄어들 수 있다는 것이다. 4차 산업혁명과 함께 빅 데이터 통계분석을 통하여 자동적인 신용분석과 점수화와 같은 혁신적인 방식이 도입되고 있는 것이다.

■ **표 6-17** 디지털금융의 강점과 금융거래비용의 감소

	특성과 내용적 정리
디지털금융의 강점과 금융거래비용의 감소	디지털금융의 강점은 자동화시스템으로 인한 금융거래비용이 획기적으로 줄어들 수 있다는 것이다. 4차 산업혁명과 함께 빅 데이터 통계분석을 통하여 자동적인 신용분석과 점수화와 같은 혁신적인 방식이 도입되고 있는 것이다.

■ **그림 6-11** 디지털금융의 강점과 금융거래비용 감소의 관계도

디지털금융의 강점

↓

자동화시스템으로 인한 금융거래비용이
획기적으로 줄어들 수 있다는 것

↓

빅 데이터 통계분석을 통하여 자동적인
신용분석과 점수화와 같은 혁신적인
방식의 도입

이는 핀테크 산업과 연계된 회사들은 프로세스의 자동화의 개념으로 송금뿐
아니라 기존에 있던 공급자들보다도 낮은 비용으로서 서비스의 제공이 가능해지
고 있다는 장점을 지니고 있는 것이다.[10]

■ **표 6-18** 핀테크 산업의 비용관련 장점

	특성과 내용적 정리
핀테크 산업의 비용관련 장점	핀테크 산업과 연계된 회사들은 프로세스의 자동화의 개념으로 송금뿐 아니라 기존에 있던 공급자들보다도 낮은 비용으로서 서비스의 제공이 가능해지고 있다는 장점을 지니고 있는 것이다.

■ **그림 6-12** 핀테크 산업의 자동화 개념과 비용관련 장점

핀테크 산업과 연계된 회사

↓

프로세스의 자동화의 개념으로 송금뿐 아니라
기존에 있던 공급자들보다도 낮은 비용으로서
서비스의 제공이 가능해지고 있다는 장점

---

10) Joseph, F. & Black, W.(2010), Multivariate Data Analysis(Seventh Ed.), New Jersey :
Pearson Prentice Hall.

■ **표 6-19** 디지털의 결제계정시스템과 P2P대출관련 플랫폼

	특성과 내용적 정리
디지털의 결제계정시스템과 P2P대출관련 플랫폼	디지털의 결제계정시스템과 P2P대출관련 플랫폼이 이전과 같은 방식의 금융 중개자의 부재 가운데 대출기관 및 차용인에 대하여 직접적인 운영방식으로 점포 없이도 영업이 가능하므로 획기적인 비용절감효과를 가져올 수 있다. 이와 같은 핀테크의 디지털금융 분야는 대출뿐 아니라 저축에도 적용되고 있다.

이와 관련된 것은 디지털의 결제계정시스템과 P2P대출관련 플랫폼이 이전과 같은 방식의 금융 중개자의 부재 가운데 대출기관 및 차용인에 대하여 직접적인 운영방식으로 점포 없이도 영업이 가능하므로 획기적인 비용절감효과를 가져올 수 있는 것이다. 이와 같은 핀테크의 디지털금융 분야는 대출뿐 아니라 저축에도 적용되고 있다.

■ **그림 6-13** 디지털의 결제계정시스템과 P2P대출관련 플랫폼의 장점

디지털의 결제계정시스템과 P2P대출관련 플랫폼
금융 중개자의 부재 시스템

↓

대출기관 및 차용인에 대하여 직접적인 운영방식으로
점포 없이도 영업이 가능하므로 획기적인 비용절감효과

↓

핀테크의 디지털금융 분야는
대출뿐 아니라 저축에도 적용

이는 4차 산업혁명과 주로 관련된 것으로 인터넷이 가져온 금융혁신 분야인 것이다. 전통적으로 금융회사가 운영하는 방식과 다르게 IT회사의 플랫폼을 기반으로 하는 회사와 소비자 간의 디지털금융의 서비스에 의한 운영방식인 것이다.

■ **표 6-20** IT의 플랫폼을 기반으로 하는 회사와 소비자 간 디지털금융서비스에 의한 운영

	특성과 내용적 정리
IT의 플랫폼을 기반으로 하는 회사와 소비자 간의 디지털금융의 서비스에 의한 운영방식	4차 산업혁명과 주로 관련된 것으로 인터넷이 가져온 금융혁신 분야인 것이다. 전통적으로 금융회사가 운영하는 방식과 다르게 IT의 플랫폼을 기반으로 하는 회사와 소비자 간의 디지털금융의 서비스에 의한 운영방식인 것이다.

이에 따라 금융 분야에 대하여 이용하는 고객들의 데이터(data)에 대한 개인정보 보호차원과 사기에 대한 예방과 금융관련 분쟁에 대한 해결하는 체계 등이 필수적으로 이루어져야 하는 것이 현실이다.

■ **그림 6-14** IT의 플랫폼을 기반으로 하는 회사와 소비자 간 디지털금융서비스에 의한 운영

인터넷이 가져온 금융혁신 분야

↓

금융회사가 운영하는 방시과 다르게 IT의 플랫폼을
기반으로 하는 회사와 소비자 간의
디지털금융의 서비스에 의한 운영방식

■ **표 6-21** 디지털금융의 보완점

	특성과 내용적 정리
디지털금융의 보완점	금융 분야에 대하여 이용하는 고객들의 데이터(data)에 대한 개인정보 보호차원과 사기에 대한 예방과 금융관련 분쟁에 대한 해결하는 체계 등이 필수적으로 이루어져야 하는 것이 현실이다.

그림 6-15 디지털금융의 보완사항

디지털금융의 보완점

↓

금융 분야에 대하여 이용하는 고객들의
데이터(data)에 대한 개인정보 보호차원과 사기에 대한 예방과
금융관련 분쟁에 대한 해결하는 체계 등

<그림 6-16>에는 한국 국고채(3년) 금리와 무담보콜금리 전체 금리 차(좌축), 한국 산업생산지수(계절변동조정, 우축) 추이가 표기되어 있다. 이 그래프의 데이터 기간에서 한국 국고채(3년) 금리와 무담보콜금리 전체 금리 차, 한국 산업생산지수(계절변동조정)는 각각 2017년 8월부터 2019년 7월과 2017년 8월부터 2019년 5월까지에 해당하는 월간자료이다.

한국 국고채(3년) 금리와 무담보콜금리 전체 금리 차, 한국 산업생산지수(계절변동조정)의 단위는 각각 연 %와 2015=100이다. 이 데이터들은 한국은행에서 제공하는 홈페이지의 경제통계와 관련된 검색시스템에서 간편 검색이라는 사이트를 통하여 수집한 것이다.

이 기간 동안의 한국 국고채(3년) 금리와 무담보콜금리 전체 금리 차, 한국 산업생산지수(계절변동조정)의 상관계수는 0.48878이다. 한국 국고채(3년) 금리와 무담보콜금리 전체 금리 차의 역전 현상은 분석 기간 동안을 살펴보면 2019년 4월부터 2019년 7월까지 지속되었다.

이는 앞서 지적한 바와 같이 향후 경기 둔화로 연결될 수 있을지 지켜보아야 하는 측면이기도 하다. 시장의 일부 전문가들은 심지어 한국이 불황에 직면해 있는지 잘 살펴보아야 한다고 지적하고 있는 상황이다. 2019년도 하반기 들어 이에 따라 2020년 예산편성도 정부안에서는 확장적인 모습을 보일 수 있다고 전문가들은 판단하고 있다.

■ **그림 6-16** 한국 국고채(3년) 금리와 무담보콜금리 전체 금리 차(좌축), 한국 산업생산지수(계절
변동조정, 우축) 추이

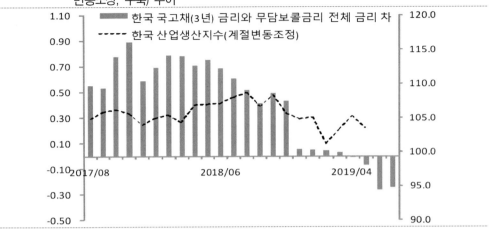

■ **그림 6-17** 한국 회사채(장외3년, AA- 등급) 금리와 무담보콜금리 전체 금리 차(좌축), 한국 산
업생산지수(계절변동조정, 우축) 추이

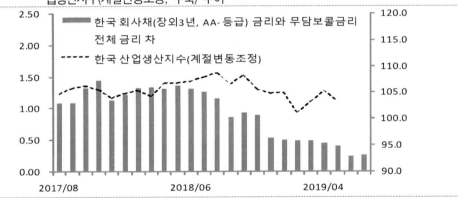

<그림 6-17>에는 한국 회사채(장외3년, AA- 등급) 금리와 무담보콜금리 전
체 금리 차(좌축), 한국 산업생산지수(계절변동조정, 우축) 추이가 표기되어 있다. 이
그래프의 데이터 기간에서 한국 회사채(장외3년, AA- 등급) 금리와 무담보콜금리
전체 금리 차, 한국 산업생산지수(계절변동조정)는 각각 2017년 8월부터 2019년 7
월과 2017년 8월부터 2019년 5월까지에 해당하는 월간자료이다.

한국 회사채(장외3년, AA- 등급) 금리와 무담보콜금리 전체 금리 차, 한국 산
업생산지수(계절변동조정)의 단위는 각각 연 %와 2015=100이다. 이 데이터들은

한국은행에서 제공하는 홈페이지의 경제통계와 관련된 검색시스템에서 간편 검색이라는 사이트를 통하여 수집한 것이다.

이 기간 동안의 한국 회사채(장외3년, AA- 등급) 금리와 무담보콜금리 전체 금리 차, 한국 산업생산지수(계절변동조정)의 상관계수는 0.52152이다. 분석 기간 동안에서 한국 국고채(3년) 금리와 무담보콜금리 전체 금리 차의 역전 현상과 달리 한국 회사채(장외3년, AA- 등급) 금리가 무담보콜금리보다 높은 것은 장기채와 회사채의 특성상 물가상승률과 부도위험에 따른 프리미엄(premium) 등이 반영된 결과로 판단된다는 것이 일부 전문가들의 주장이다.

1. 가상화폐시장에서의 리브라에 대하여 설명하시오.

정답

	특성과 내용적 정리
가상화폐시장에 서의 리브라	2019년 하반기 금값의 움직임 못지않게 이전에 비트코인을 중심으로 대단한 관심을 이끌었던 가상화폐시장의 경우에 있어서 리브라라는 페이스북의 가상화폐에서 감독당국에게서 이목이 집중되면서 활성화의 진전이 어려운 상황이라고 전문가들은 언급하고 있다.

2. 가상화폐 리브라와 달러화에 대하여 설명하시오.

정답

	특성과 내용적 정리
가상화폐 리브라와 달러화	영국의 중앙은행(central bank) 총재는 페이스북의 가상화폐인 리브라에 대하여 이러한 디지털통화(digital currency)가 미국의 달러화를 대체할 자산수단이 될 수 있다는 의견을 내놓고 있기도 하다.

3. 독일의 부동산업과 블록체인 기술의 활용의 관계성에 대하여 설명하시오.

정답

독일의 경우에는 당국의 승인으로 인하여 유럽의 지역들에 위치한 부동산들에 대하여 블록체인 기술을 활용해 토큰화 방안을 한 회사가 제시하고 있다. 이와 같이 블록체인과 가상화폐에 대한 논의 및 활동이 지속적인 관심을 받고 있다.

4. 블록체인관련 합의의 알고리즘과 암호화폐의 ICO에 대하여 설명하시오.

정답

	특성과 내용적 정리
블록체인관련 합의의 알고리즘과 암호화폐의 ICO	한국의 경우에 있어서는 블록체인(Blockchain)과 관련하여 원천기술의 확보가 중요함을 전문가들은 지적하고 있다. 한국의 전문가그룹 내에서 논의되고 있는 블록체인관련 이슈 중 하나는 합의의 알고리즘과 관련된 것이고 다른 한 가지는 암호화폐의 ICO (Initial Coin Offerings)와 관련된 공개에 대한 것이다.

5. 세원 조달과 국채발행, 개별소비세에 대하여 설명하시오.

정답

	특성과 내용적 정리
세원 조달과 국채발행, 개별소비세	미국을 비롯한 세계 경제의 불확실성 증가로 한국 정부에서는 서민층과 중산층의 경제를 위해 증세보다는 다른 방안들을 통하여 세원 조달을 위하여 노력하고 있다. 여기에 전문가들 중에서는 국채발행과 함께 재정건전성에 문제가 없는지도 함께 고려해 나가고 있는 것이다. 한편 한국에서의 세원 조달의 측면에서 소비세 중에서는 2017년의 경우 자동차와 관련된 개별소비세의 징수가 높은 비중을 차지하고 있는 것으로 알려져 있다. 아무튼 일부의 전문가들은 직접세와 간접세의 비중이 부에 대한 공평한 과세적인 측면에서 잘 이루어져야 한다고 주장하고 있다.

6. 절세의 측면과 상속세, 양도소득세에 대하여 설명하시오.

정답

	특성과 내용적 정리
절세의 측면과 상속세, 양도소득세	절세의 측면에 있어서 개인들에게 직면할 수 있는 상속세의 경우에 있어서는 상속자산이 많은 경우에 있어서는 6개월 이내에 매도를 하든지 또는 감정평가가 이루어지면 가액에 따른 경정의 가능성으로 인하여 추가적인 상속세부담이 증가할 수 있어서 상속세가 늘어나는 부분과 향후 매도 시 양도소득세에 대하여 판단하여 재산에 대한 매매 및 평가를 결정해 나가는 것이 좋다는 것이 이것에 관련된 의견이다.

7. 한국과 일본의 무역과 관련된 이슈들과 시중은행의 지원방안에 대하여 설명하시오.

정답

한국과 무역 관련된 이슈들을 제기하고 있는 일본의 경우에 있어서도 소득주도의 성장을 추구하였지만 다른 점은 한국은 개별적인 측면이고 일본은 가구소득을 중심으로 하였다는 점에서 차이가 있다. 2019년 하반기 일본의 경제는 여전히 낮은 성장률을 보이고 있지만 파트타임과 비정규직, 아르바이트가 활성화되어 있어서 일자리는 부족하지 않은 상태로 보인다고 일부의 전문가들은 판단하고 있다.

한국과 일본의 무역과 관련된 이슈들에 따른 한국 경제에 대한 악영향을 우려해 시중은행들에서도 부품 및 소재 전문기업들과 기술혁신에 해당하는 중소기업 등에 대하여 기한의 연장에 따른 상환비율의 축소방안도 검토되고 있다.

8. 증권거래세의 폐지 논의와 양도차익 부과 방안의 의견에 대하여 설명하시오.

정답

	특성과 내용적 정리
증권거래세의 폐지 논의와 양도차익 부과 방안의 의견	한국 정부는 건강보험에 대한 보장성의 강화를 위한 정책적인 측면의 추진을 비롯하여 국민들의 삶의 질에 대한 향상을 위하여 노력해 나가고 있기도 하다. 이는 재정학적인 측면에서 정부의 세원조달과 정부지출과 관련된 부분이고, 미국과 중국의 무역관련 상호의 관세부과와 한국과 일본의 무역관련 이슈 등이 금융시장에 대한 좋지 않은 충격을 완화하기 위하여 2019년 하반기 일부의 전문가들 중에서는 증권거래세의 폐지와 양도차익 부과 방안까지 제시하고 있다.

9. 금융과 관련된 세제 개편 방안 논의에 대하여 설명하시오.

정답

	특성과 내용적 정리
금융과 관련된 세제 개편 방안 논의	2019년 상반기에 있어서 한국의 주식시장(stock market)에는 MSCI지수에서 이머징마켓지수 안에 있는 중국의 비중에 대한 확대도 좋지 않은 영향을 주었다. 2019년 하반기 들어서는 이와 같이 대외적으로 한국 주식시장에 좋지 않은 영향들로 인하여 일부 전문가들 사이에서는 금융과 관련된 세제 개편과 관련된 방안도 제시하고 있기도 하다.

10. 기금형의 퇴직연금에 대한 제도의 도입 방안 논의와 오스트레일리아의 사례에 대하여 설명하시오.

정답

금융시장의 발전과 관련하여 일부 전문가들은 기금형의 퇴직연금에 대한 제도의 도입과 같은 방안을 제시하고 있다. 이와 같은 기금형의 퇴직연금에 대한 제도 도입을 위한 방안에는 노후보장의 시스템과 관련되어 있다.

오스트레일리아의 경우 기금형의 퇴직연금이 활성화되어 있는 국가로 알려져 있는데, 여기서 기금형의 의미는 회사의 외부로 하는 수탁법인(타 회사들과 연합체 혹은 단독의 설립)에 의하여 퇴직연금과 관련된 적립금운영이 이루어지도록 하고 있는 시스템과 관련되어 있다.

11. 선진 7개국의 소비지국에 대한 과세권의 강화 방안 논의에 대하여 설명하시오.

정답

	특성과 내용적 정리
선진 7개국의 소비지국에 대한 과세권의 강화 방안 논의	선진 7개국의 경우 디지털경제(digital economy) 시대에 과세에 대한 국가 간의 배분과 관련된 규칙의 제정으로 인하여 소비지국에 대한 과세권의 강화를 염두에 두고 협상을 진행하고 있다.

12. 디지털 금융과 규모의 경제에 대하여 설명하시오.

정답

	특성과 내용적 정리
디지털 금융과 규모의 경제	디지털 금융의 경우 추적 및 디지털기록에 의한 용이성과 명확성으로 인하여 비용의 절감에 따른 규모의 경제로 향후 빠른 속도로 발전해 나갈 수 있을 것으로 일부의 전문가들은 전망하고 있다. 또한 각종 뇌물과 관련된 비용 지불의 감소로 인하여 사회보장성의 지불비용이 줄어드는 것으로 일부 전문가들은 파악하고 있기도 하다.

13. 저금리 추세와 부동산(아파트 등)과 금 투자의 추세와 유의점에 대하여 설명하시오.

정답

	특성과 내용적 정리
저금리 추세와 부동산(아파트 등)과 금 투자의 추세와 유의점	한국의 국책은행 경우에 있어서 2020년까지 기준금리의 인하를 예상하고 있는데, 이 기관은 대외 경제적인 불확실성의 증가로 인한 측면과 국내 경기의 좋지 않은 양상 등을 고려하여 이와 같은 의견을 제시하고 있다.
	저금리 추세로 인하여 금융상품에 가입하기 보다는 아파트를 비롯한 부동산이나 금과 같은 실물자산에 사람들의 관심이 증가하고 있는 것이 2019년 하반기의 현실이다. 수익을 고려하여 투자하는 부동산의 경우에 있어서는 대내외적인 경기둔화가 예상되면 공실에 대한 위험도의 증가와 수익률의 감소가 이루어질 수 있다고 전문가들은 보고 있다.

14. 안전자산에 대한 선호현상과 거래량의 관계 사례 중 금(gold)에 대하여 설명하시오.

정답

	특성과 내용적 정리
안전자산에 대한 선호현상과 거래량의 관계 사례 : 금	안전자산에 대한 선호현상으로 금값이 실물자산 중에서 가장 수익률이 높은 상품 중에 하나이다. 이와 같은 금값의 경우 관심이 모아지면서 거래량이 급증하고 가격도 오르고 있는 것이다.

15. 가상화폐 거래의 거래소 신고와 관련된 방안에 대하여 설명하시오.

정답

	특성과 내용적 정리
가상화폐 거래의 거래소의 신고와 관련된 방안	2017년 이후 주목을 이끌었던 가상화폐와 꾸준히 관심도가 높은 블록체인과 관련하여서는 2019년 하반기 들어 전문가들 사이에서 가상화폐의 거래에 있어서 투명성제고를 위하여 거래소의 신고와 관련된 방안의 논의가 진행되고 있다.

16. 인터넷 전문은행 인가의 홍콩 사례에 대하여 설명하시오.

정답

	특성과 내용적 정리
인터넷 전문은행 인가의 홍콩 사례	해외시장의 동향을 살펴보면, 홍콩의 경우 아시아의 금융허브로 일컬어지는 만큼 디지털금융 관련하여 인터넷 전문은행 2019년 4월을 전후로 하여 7개에서 9개의 사이에서 인가되는 추세를 보이고 있다.

17. 디지털금융의 강점과 금융거래비용의 감소에 대하여 설명하시오.

정답

	특성과 내용적 정리
디지털금융의 강점과	디지털금융의 강점은 자동화시스템으로 인한 금융거래비용이 획기적으로 줄어들 수 있다는 것이다. 4차 산업혁명과 함께 빅 데이터

금융거래비용의 감소	통계분석을 통하여 자동적인 신용분석과 점수화와 같은 혁신적인 방식이 도입되고 있는 것이다.

18. 핀테크 산업의 비용관련 장점에 대하여 설명하시오.

정답

    핀테크 산업과 연계된 회사들은 프로세스의 자동화의 개념으로 송금뿐 아니라 기존에 있던 공급자들보다도 낮은 비용으로써 서비스의 제공이 가능해지고 있다는 장점을 지니고 있는 것이다.

19. 디지털의 결제계정시스템과 P2P대출관련 플랫폼에 대하여 설명하시오.

정답

	특성과 내용적 정리
디지털의 결제계정시스템과 P2P대출관련 플랫폼	디지털의 결제계정시스템과 P2P대출관련 플랫폼이 이전과 같은 방식의 금융 중개자의 부재 가운데 대출기관 및 차용인에 대하여 직접적인 운영방식으로 점포 없이도 영업이 가능하므로 획기적인 비용절감효과를 가져올 수 있다. 이와 같은 핀테크의 디지털금융 분야는 대출뿐 아니라 저축에도 적용되고 있다.

20. IT의 플랫폼을 기반으로 하는 회사와 소비자 간 디지털금융서비스에 의한 운영과 관련하여 설명하시오.

정답

	특성과 내용적 정리
IT의 플랫폼을 기반으로 하는 회사와 소비자 간의 디지털금융의 서비스에 의한 운영방식	4차 산업혁명과 주로 관련된 것으로 인터넷이 가져온 금융혁신 분야인 것이다. 전통적으로 금융회사가 운영하는 방식과 다르게 IT의 플랫폼을 기반으로 하는 회사와 소비자 간의 디지털금융의 서비스에 의한 운영방식인 것이다.

21. 디지털금융의 보완점에 대하여 설명하시오.

정답

	특성과 내용적 정리
디지털금융의 보완점	금융 분야에 대하여 이용하는 고객들의 데이터(data)에 대한 개인정보 보호차원과 사기에 대한 예방과 금융관련 분쟁에 대한 해결하는 체계 등이 필수적으로 이루어져야 하는 것이 현실이다.

04

핀테크와 부동산의 블록체인 기술 연계 및 토큰화의 발전

디지털금융과 부동산 수요, 미세 먼지 대책 등의 세제

제1절   인공지능(AI)과 디지털금융

관세와 물류 등의 부담에 따라 해외로 진출한 사업체의 생산에서 판매는 그 해당 국가에서 이루어지는 경우가 대부분이다. 하지만 반드시 그런 것은 아니고 수요의 변화가 발생하게 되면 판매되는 국가도 그 해당 국가 이외로 바뀔 수 있는 것이 경제적인 논리의 측면에서 발생하는 것이다.

■ 표 7-1 관세와 물류 및 생산, 판매의 관계

	특성과 내용적 정리
관세와 물류 및 생산, 판매의 관계	관세와 물류 등의 부담에 따라 해외로 진출한 사업체의 생산에서 판매는 그 해당 국가에서 이루어지는 경우가 대부분이다. 하지만 반드시 그런 것은 아니고 수요의 변화가 발생하게 되면 판매되는 국가도 그 해당 국가 이외로 바뀔 수 있는 것이 경제적인 논리의 측면에서 발생하는 것이다.

인공지능(AI)과 승차 공유의 사례의 공유경제 시스템에서 인도네시아의 경우 전기차에 기반한 교통망의 구축과 위치정보와 관련하여 지도에 구현하는 것 및 유헬스와 연관되어 있는 e-헬스케어서비스사업 등이 기술적이든 혹은 비즈니스 측면에서 발전해 나가고 있다.

■ 표 7-2 인공지능(AI)과 승차 공유의 공유경제, e-헬스케어서비스 비즈니스

	특성과 내용적 정리
인공지능(AI)과 승차 공유의 공유경제, e-헬스케어서비스 비즈니스	인공지능(AI)과 승차 공유의 사례의 공유경제 시스템에서 인도네시아의 경우 전기차에 기반한 교통망의 구축과 위치정보와 관련하여 지도에 구현하는 것 및 유헬스와 연관되어 있는 e-헬스케어서비스사업 등이 기술적이든 혹은 비즈니스 측면에서 발전해 나가고 있다.

인공지능(AI)의 경우 발전과 관련하여 안전성의 제고와 이를 뒷받침하기 위한 규제가 정부적인 차원에서 중요한 것으로 인식되고 있다.[11] 어쨌든 인공지능시장의 발달은 새로운 산업을 통하여 사람들에게 편리성과 편익(benefit)을 제공해 줄 것은 확실하지만 반대로 단순한 일자리의 감소와 같은 자동화시스템의 기술이 가져올 수 있는 부작용이 있다고 판단된다.

■ 표 7-3 인공지능(AI)의발전과 편리성과 편익(benefit), 부작용

	특성과 내용적 정리
인공지능(AI)의 발전과 편리성과 편익(benefit), 부작용	인공지능(AI)의 경우 발전과 관련하여 안전성의 제고와 이를 뒷받침하기 위한 규제가 정부적인 차원에서 중요한 것으로 인식되고 있다. 어쨌든 인공지능시장의 발달은 새로운 산업을 통하여 사람들에게 편리성과 편익(benefit)을 제공해 줄 것은 확실하지만 반대로 단순한 일자리의 감소와 같은 자동화시스템의 기술이 가져올 수 있는

---

11) Norzaidi, M. D., Nor, I. M., and Sabrina, A, A.(2011), "Customer's perception toward information security in Internet banking system in Malaysia", *Austrailian Journal of Basic and Applied Sciences*, 5(9).

부작용이 있다고 판단된다. 이에 따라 사람들은 인공지능의 발달이 궁극적으로 사회적인 불평등을 초래시킬 수 있음을 우려하고 있다.

인공지능(AI)과 함께 발전해 나가고 있는 디지털금융의 경우 유럽에 있어서는 재무적인 안전도에 대하여 우려스럽지 않다고 긍정적인 전망을 하는 하나의 국가도 있다. 따라서 이와 같은 국가에서는 디지털금융의 혁신에 있어서의 편익이 위험도보다는 클 것으로 보고 있기도 하다. 하지만 다른 국가들에 있어서는 여전히 해킹과 같은 위험성과 관련하여 우려를 표명하고 있어서 금융혁신에 있어서 걸림돌로 작용하고 있는 상황이다.

■ **그림 7-1** 인공지능(AI)의 발전과 편리성과 편익(benefit), 부작용과 관련된 체계도

인공지능(AI)의 경우 발전과 관련하여 안전성의
제고와 이를 뒷받침하기 위한 규제가 정부적인 차원에서
중요한 것으로 인식

↓

인공지능시장의 발달은 새로운 산업을 통하여 사람들에게
편리성과 편익(benefit)을 제공

↕

단순한 일자리의 감소와 같은
자동화시스템의 기술이 가져올 수 있는 부작용

↓

인공지능의 발달이 궁극적으로 사회적인
불평등을 초래시킬 수 있음을 우려

표 7-4 디지털금융의 발전과 금융혁신의 과제

	특성과 내용적 정리
디지털금융의 발전과 금융혁신의 과제	인공지능(AI)과 함께 발전해 나가고 있는 디지털금융의 경우 유럽에 있어서는 재무적인 안전도에 대하여 우려스럽지 않다고 긍정적인 전망을 하는 하나의 국가도 있다. 따라서 이와 같은 국가에서는 디지털금융의 혁신에 있어서의 편익이 위험도보다는 클 것으로 보고 있기도 하다. 하지만 다른 국가들에 있어서는 여전히 해킹과 같은 위험성과 관련하여 우려를 표명하고 있어서 금융혁신에 있어서 걸림돌로 작용하고 있는 상황이다.

이와 같은 디지털금융의 발전은 향후에 있어서 4차 산업혁명의 발전과 함께 다양한 분야와 연결되면서 발전을 거듭해 나갈 것으로 판단된다. 그리고 전통적인 산업과 융합되어 이미 발전해 나가고 있기도 하다.

투자를 할 경우 현재가치법과 내부수익률법 등을 통하여 계산을 할 경우 편익이 비용보다 클 경우에 있어서 투자의 타당성 여부를 판단해 나갈 수 있다. 이와 같이 편익이 비용 또는 위험도보다 클 경우에 있어서 투자의 타당성이 정당화되어 나갈 수 있는 것이다.

디지털금융의 경우에 있어서는 해킹과 온라인을 통하여 행하여지는 사기행각 등과 관련하여 주의를 하여야 한다고 보고 있는 것이다. 디지털금융의 기술적인 발달과 함께 이와 같은 잘못된 부작용을 없애 나가는 것이 기술적으로 필요한 것이다.

한국에서도 가상화폐의 거래와 관련해서는 투명성을 높여서 안전한 거래를 도모하려는 노력으로 국제적인 규율을 적용하여 거래소를 관리해 나갈 방안이 2019년 하반기에 논의되고 있다.

아시아에서는 홍콩의 경우 중국의 정보통신 분야에 있어서 세계적인 기업들의 투자가 증가하면서 인터넷전문은행이 인구수에 비하여 적지 않은 수로 2019년 상반기 들어 늘어난 바 있다. 이는 결국 소비자들에게 있어서 편익의 증진효과와 이를 통한 소비자들의 이용 증가가 있는 지와 관련하여 판단해 나갈 수 있는 것이다.

■ 표 7-5 가상화폐와 거래소

■ 표 7-5 가상화폐와 거래소

	특성과 내용적 정리
가상화폐와 거래소	한국에서도 가상화폐의 거래와 관련해서는 투명성을 높여서 안전한 거래를 도모하려는 노력으로 국제적인 규율을 적용하여 거래소를 관리해 나갈 방안이 2019년 하반기에 논의되고 있다.

■ 표 7-6 홍콩의 경우 인터넷전문은행의 증가

	특성과 내용적 정리
홍콩의 경우 인터넷전문은행의 증가	아시아에서는 홍콩의 경우 중국의 정보통신 분야에 있어서 세계적인 기업들의 투자가 증가하면서 인터넷전문은행이 인구수에 비하여 적지 않은 수로 2019년 상반기 들어 늘어난 바 있다. 이는 결국 소비자들에게 있어서 편익의 증진효과와 이를 통한 소비자들의 이용 증가가 있는지와 관련하여 판단해 나갈 수 있는 것이다.

■ 그림 7-2 소비자들에게 있어서 소비자잉여의 증가

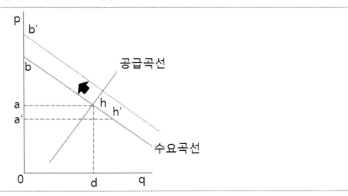

<그림 7-2>에는 소비자들에게 있어서 소비자잉여의 증가가 나타나 있다. 이는 비용의 하락이 결국 소비자들에게 이익이 증가되는 방향으로 나타나는 것인데 수요곡선상에서의 h점에서 h′점에 해당하는 곳으로 이동하는 비용의 하락분이 발생하면 결국 삼각형 abh의 소비자잉여에서 삼각형 a′bh′으로 늘어나는 것을 의미한다. 이는 ahh′a′만큼의 소비자잉여가 순증(純增)하는 것을 의미한다. 여

기서 q점은 수량을 의미하고, p점은 가격을 의미한다.

그림 7-3 디지털금융의 발전과 금융혁신의 과제

인공지능(AI)과 함께 발전해 나가고 있는

디지털금융의 경우 재무적인 안전도에 대하여

우려스럽지 않다고 긍정적인 전망

↓

디지털금융의 혁신에 있어서의

편익이 위험도보다는 클 것으로 보고 있음

↕

여전히 해킹과 같은 위험성과 관련하여 우려를

표명하고 있어서 금융혁신에 있어서 걸림돌로 작용

안전자산 선호 현상과 관련하여 2020년 이후에는 어떠한 투자행태가 바람직한 것일까? 미국을 비롯한 세계적인 경기 상황이 2020년 이후 2019년 이전보다 못하다는 판단이 투자자들에게 인식이 될 경우 금을 비롯한 안전자산 선호 현상은 당분간에 걸쳐 지속될 수도 있을 것으로 판단된다.

표 7-7 경기 불황과 안전자산 선호 현상

	특성과 내용적 정리
경기 불황과 안전자산 선호 현상	안전자산 선호 현상과 관련하여 2020년 이후에는 어떠한 투자행태가 바람직한 것일까? 미국을 비롯한 세계적인 경기 상황이 2020년 이후 2019년 이전보다 못하다는 판단이 투자자들에게 인식이 될 경우 금을 비롯한 안전자산 선호 현상은 당분간에 걸쳐 지속될 수도 있을 것으로 판단된다.

<그림 7-4>에는 한국 산업생산지수(계절변동조정)의 전월대비 증감분(좌축)과 한국 소비자물가지수의 전월대비 증감분(우축) 추이가 표기되어 있다. 이 그래프의 데이터 기간에서 한국 산업생산지수(계절변동조정)의 전월대비 증감분과 한국 소비자물가지수의 전월대비 증감분 은 각각 2017년 9월부터 2019년 5월과 2017년 9월부터 2019년 7월까지에 해당하는 월간자료이다.

한국 산업생산지수(계절변동조정)의 전월대비 증감분과 한국 소비자물가지수의 전월대비 증감분의 단위는 모두 2015 = 100에 해당한다. 이 데이터들은 한국은행에서 제공하는 홈페이지의 경제통계와 관련된 검색시스템에서 간편 검색이라는 사이트를 통하여 수집한 것이다.

■ **그림 7-4** 한국 산업생산지수(계절변동조정)의 전월대비 증감분(좌축)과 한국 소비자물가지수의 전월대비 증감분(우축) 추이

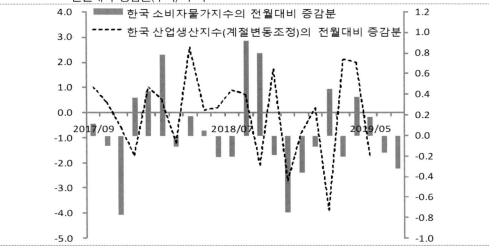

이 기간 동안의 한국 산업생산지수(계절변동조정)의 전월대비 증감분과 한국 소비자물가지수의 전월대비 증감분의 상관계수는 0.02911이다. 여기서 한국 산업생산지수(계절변동조정)의 전월대비 증감분의 경우 2019년 5월과 4월분의 차가 음(−)이었으며, 한국 소비자물가지수의 전월대비 증감분의 2019년 6월분과 7월분이 각각 전월대비 감소한 것을 알 수 있었다.

한편 2019년 하반기 들어 대외적인 여건을 살펴보면 일본과 유로지역, 중국의

경우 투자부진의 현상과 수출둔화 등으로 인하여 성장추세가 하락하고 있다고 전문가들은 이들 시장에 대하여 지적하고 있는 상황이다.

■ **그림 7-5** 미국 산업생산지수(계절변동조정)의 전월대비 증감분과 미국 소비자물가지수의 전월대비 증감분 추이

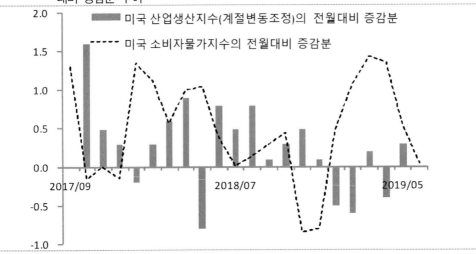

<그림 7-5>에는 미국 산업생산지수(계절변동조정)의 전월대비 증감분과 미국 소비자물가지수의 전월대비 증감분 추이가 표기되어 있다. 이 그래프의 데이터 기간에서 미국 산업생산지수(계절변동조정)의 전월대비 증감분과 미국 소비자물가지수의 전월대비 증감분은 각각 2017년 9월부터 2019년 5월과 2017년 9월부터 2019년 6월까지에 해당하는 월간자료이다.

미국 산업생산지수(계절변동조정)의 전월대비 증감분과 미국 소비자물가지수의 전월대비 증감분의 단위는 각각 2015＝100과 1982－84＝100에 해당한다. 이 데이터들은 한국은행에서 제공하는 홈페이지의 경제통계와 관련된 검색시스템에서 간편 검색이라는 사이트를 통하여 수집한 것이다. 이 기간 동안의 미국 산업생산지수(계절변동조정)의 전월대비 증감분과 미국 소비자물가지수의 전월대비 증감분의 상관계수는 －0.44167이다.

제2절 부동산 수요와 미세 먼지 대책을 비롯한 건강 관련 세제

서울지역의 부동산의 경우에 있어서는 해외를 포함하여 수도권 및 지방 등 다양한 수요층이 형성되어 있다고 일부 전문가들은 지적하고 있다. 따라서 이들은 이와 같은 요인들로 인한 잠재적인 서울지역의 부동산 가격이 상승여력이 있다고 판단하고 있다.

■ **표 7-8** 서울지역의 부동산 가격과 수요측면

	특성과 내용적 정리
서울지역의 부동산 가격과 수요측면	서울지역의 부동산의 경우에 있어서는 해외를 포함하여 수도권 및 지방 등 다양한 수요층이 형성되어 있다고 일부 전문가들은 지적하고 있다. 따라서 이들은 이와 같은 요인들로 인한 잠재적인 서울지역의 부동산 가격이 상승여력이 있다고 판단하고 있다.

■ **그림 7-6** 서울지역의 부동산에 있어서 수요 확대에 따른 부동산 가격의 관계

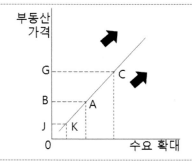

<그림 7-6>에는 서울지역의 부동산에 있어서 수요 확대에 따른 부동산 가격의 관계가 나타나 있다. 이 그림을 살펴보면 수요 확대가 K점과 A점, C점으로 이어질 경우 서울지역의 부동산 가격은 각각 J점 및 B점, G점으로 상승하게 된다는 것을 보여주고 있다.

부동산은 역세권과 대형병원, 교통망 구축 등 여러 가지 요인들에 의하여 영향을 받지만 정부의 규제와 같은 제도적인 측면에 있어서 가장 크게 영향을 받는

것으로 해외의 전문가들이 미국을 비롯한 해외 데이터를 통하여 분석하고 있다.

■ 표 7-9 부동산과 규제

	특성과 내용적 정리
부동산과 규제	부동산은 역세권과 대형병원, 교통망 구축 등 여러 가지 요인들에 의하여 영향을 받지만 정부의 규제와 같은 제도적인 측면에 있어서 가장 크게 영향을 받는 것으로 해외의 전문가들이 미국을 비롯한 해외 데이터를 통하여 분석하고 있다.

■ 그림 7-7 미세먼지를 비롯한 외부 불경제성(external diseconomy)과 방지 대책의 세제

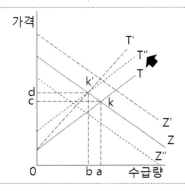

<그림 7-7>에는 미세먼지를 비롯한 외부 불경제성(external diseconomy)과 방지 대책의 세제 체계가 나타나 있다. 2018년도 서울지역 지방자치선거에 있어서 가장 중요한 이슈로 떠오른 미세먼지에 대한 대책을 예로 들어 외부효과(external effect) 중에서 외부 불경제성(external diseconomy) 부분에 대하여 생각해 보자.

예를 들어 사적비용만이 존재하고 외부불경제성이 존재하지 않는 경제 상태에 도달해 있다고 하면 수요곡선 Z와 공급곡선 T가 만나서 균형점은 k점에서 일치하는 균형 상태를 상정해 볼 수 있다. 이때 수요와 공급량을 의미하는 수급량은 a점이고 가격 수준은 c라고 하자.

이 경우에 있어서 미세먼지와 같은 외부불경제성이 존재하여 비용이 증가하였다고 가정하면 공급곡선이 T′과 같이 상승하게 되고 따라서 b라고 하는 수급량

수준에서 수요와 공급곡선이 만나는 k′ 점의 가격 수준은 d점의 상태가 된다.

결국 미세먼지와 같은 환경에 좋지 않은 영향을 주는 것은 사람들에게 건강과 업무의 몰입도 저해 등 사회적인 비용을 초래하게 되는 것을 의미한다. 이에 따라 정부에서는 세금을 T에서 T″까지 책정하여 이와 같은 현상이 초래되지 않도록 방지해 나갈 수 있는 것이다.

여기서 생각해 둘 것은 공급곡선과 관련된 것인데 공급곡선은 한계비용곡선의 합과 거의 같아지는 곡선으로 파악할 수 있다. 경제학적인 측면의 개별 생산량에 상응하는 한계비용곡선(marginal cost curve)에다가 수직적으로 몇 퍼센트의 이윤을 추가하여 판매가 이루어질 경우 공급곡선에 의한 가격 수준으로 판단할 수 있다. 따라서 경제학적인 측면에 있어서 한계비용곡선과 공급곡선은 같은 흐름을 보이게 되므로 이와 같이 판단할 수 있다.

■ **그림 7-8** 한계비용곡선과 공급곡선의 관계

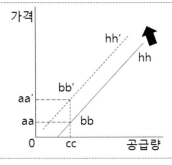

<그림 7-8>에는 한계비용곡선과 공급곡선의 관계가 나타나 있다. 여기서 bb라는 점을 기준으로 볼 때 hh곡선이 지나가고 있는데 이 곡선이 한계비용곡선에 해당한다. 그리고 이와 같은 한 단위(여기서는 0에서 cc단위까지에 해당)마다 부과되는 한계비용곡선인 hh와 수직으로의 차이인 hh′ 곡선과의 거리가 bb－bb′으로 형성되는데 이 구간만큼이 이윤의 형태로 가격 상승으로 시장에 공급되는 판매 가격이 되는 것이다.

이것이 aa와 aa′만큼의 차이로 인하여 공급되는 시장가격은 aa′에 해당하고 이것을 지나가는 곡선이 hh′에 해당하는 공급곡선이다. 한편 공급곡선과 수요곡

선이 만나는 점에서 시장에 있어서 균형이 발생되는 것이고, 수요와 공급의 법칙 및 이들 해당 곡선이 직면하는 가격 탄력성에 의하여 경제학적으로 경제적인 현상들에 대하여 분석해 나갈 수 있는 것이다.

기업들은 이윤창출과 추구가 기본적인 바탕이지만 이와 같이 사회적인 비용까지 고려된 생산과 소비가 이루어져야 하는 것이 한국 경제의 현실이다. 이는 전 국민들의 후생극대화, 즉 파레토 효율성과 최적을 달성해 나가야 하는 측면이기도 하다.

한국 경제가 지속가능한 대한민국이 되려면 미국에서도 의견을 제시하였던 것처럼 저출산의 극복과 청년 및 중장년 이상 양질의 일자리 창출이 필요한 것이다. 이를 위해서는 꾸준한 경제성장이 필요하다는 것이 일부 전문가들의 의견이기도 하다.

한국 경제가 더 발전하려면 정부를 비롯하여 소비자와 지역사회 모든 구성원들이 경제적으로 행복하고 화합을 이루어나가야 한다. 이를 위해서는 기업들의 경우 근로자를 비롯하여 협력사들과의 융화가 잘 되는 협력이 무엇보다 절실하다고 시장에서는 내다보고 있다.

이는 기업들이 잘 진행하여야 하는 사회적인 책임(social responsibility)과 관련된 부분이기도 하고, 주식을 비롯한 금융시장의 효율성과도 연결되어 기업들은 자금 조달에도 긍정적인 영향을 받아 생산을 잘 해 나갈 수 있을 것으로 판단하고 있는 측면이다.

■ **표 7-10** 사회적인 책임(social responsibility)과 금융시장 효율성의 관계

	특성과 내용적 정리
사회적인 책임(social responsibility)과 금융시장 효율성의 관계	한국 경제가 지속가능한 대한민국이 되려면 미국에서도 의견을 제시하였던 것처럼 저출산의 극복과 청년 및 중장년 이상 양질의 일자리 창출이 필요한 것이다. 이를 위해서는 꾸준한 경제성장이 필요하다는 것이 일부 전문가들의 의견이기도 하다.
	한국 경제가 더 발전하려면 정부를 비롯하여 소비자와 지역사회 모든 구성원들이 경제적으로 행복하고 화합을 이루어나가야 한다. 이를 위해서는 기업들의 경우 근로자를 비롯하여 협력사들과의 융화가 잘 되는 협력이 무엇보다 절실하다고 시장에서는 내다보고 있다.

이는 기업들이 잘 진행하여야 하는 사회적인 책임(social responsibility)과 관련된 부분이기도 하고, 주식을 비롯한 금융시장의 효율성과도 연결되어 기업들은 자금 조달에도 긍정적인 영향을 받아 생산을 잘 해 나갈 수 있을 것으로 판단하고 있는 측면이다.

이는 현재 전개되고 4차 산업혁명의 금융혁신분야에도 도움이 될 것이다. 디지털금융의 분야는 가상공간에서 이루어질 수 있는 '자금세탁'이라고 불리는 불법적인 부분과 부패와 탈세 등이 이루어지지 않도록 정부에서는 잘 규제를 하고 있다. 이와 같은 노력이 하나의 국가에서 완벽하게 차단될 수 없기 때문에 선진국 7개국이 이와 관련된 대책마련에도 공조를 하고 있다고 시장에서는 판단하고 있다.

■ **표 7-11** 디지털금융과 선진국 7개국의 공조 방안

	특성과 내용적 정리
디지털금융과 선진국 7개국의 공조 방안	디지털금융의 분야는 가상공간에서 이루어질 수 있는 '자금세탁'이라고 불리는 불법적인 부분과 부패와 탈세 등이 이루어지지 않도록 정부에서는 잘 규제를 하고 있다. 이와 같은 노력이 하나의 국가에서 완벽하게 차단될 수 없기 때문에 선진국 7개국이 이와 관련된 대책마련에도 공조를 하고 있다고 시장에서는 판단하고 있다.

1. 관세와 물류 및 생산, 판매의 관계에 대하여 설명하시오.

정답

	특성과 내용적 정리
관세와 물류 및 생산, 판매의 관계	관세와 물류 등의 부담에 따라 해외로 진출한 사업체의 생산에서 판매는 그 해당 국가에서 이루어지는 경우가 대부분이다. 하지만 반드시 그런 것은 아니고 수요의 변화가 발생하게 되면 판매되는 국가도 그 해당 국가 이외로 바뀔 수 있는 것이 경제적인 논리의 측면에서 발생하는 것이다.

2. 인공지능(AI)과 승차 공유의 공유경제, e-헬스케어서비스 비즈니스에 대하여 설명하시오.

정답

	특성과 내용적 정리
인공지능(AI)과 승차 공유의 공유경제, e-헬스케어 서비스 비즈니스	인공지능(AI)과 승차 공유의 사례의 공유경제 시스템에서 인도네시아의 경우 전기차에 기반한 교통망의 구축과 위치정보와 관련하여 지도에 구현하는 것 및 유헬스와 연관되어 있는 e-헬스케어서비스사업 등이 기술적이든 혹은 비즈니스 측면에서 발전해 나가고 있다.

3. 인공지능(AI)의발전과 편리성과 편익(benefit), 부작용에 대하여 설명하시오.

정답

	특성과 내용적 정리
인공지능(AI)의 발전과 편리성과 편익(benefit), 부작용	인공지능(AI)의 경우 발전과 관련하여 안전성의 제고와 이를 뒷받침하기 위한 규제가 정부적인 차원에서 중요한 것으로 인식되고 있다. 어쨌든 인공지능시장의 발달은 새로운 산업을 통하여 사람들에게 편리성과 편익(benefit)을 제공해 줄 것은 확실하지만 반대로 단순한 일자리의 감소와 같은 자동화시스템의 기술이 가져올 수 있는 부작용이 있다고 판단된다. 이에 따라 사람들은 인공지능의 발달이 궁극적으로 사회적인 불평등을 초래시킬 수 있음을 우려하고 있기도 하다.

4. 디지털금융의 발전과 금융혁신의 과제에 대하여 설명하시오.

정답

　　인공지능(AI)과 함께 발전해 나가고 있는 디지털금융의 경우 유럽에 있어서는 재무적인 안전도에 대하여 우려스럽지 않다고 긍정적인 전망을 하는 하나의 국가도 있다. 따라서 이와 같은 국가에서는 디지털금융의 혁신에 있어서의 편익이 위험도보다는 클 것으로 보고 있기도 하다. 하지만 다른 국가들에 있어서는 여전히 해킹과 같은 위험성과 관련하여 우려를 표명하고 있어서 금융혁신에 있어서 걸림돌로 작용하고 있는 상황이다.

5. 가상화폐와 거래소에 대하여 설명하시오.

정답

	특성과 내용적 정리
가상화폐와 거래소	한국에서도 가상화폐의 거래와 관련해서는 투명성을 높여서 안전한 거래를 도모하려는 노력으로 국제적인 규율을 적용하여 거래소를 관리해 나갈 방안이 2019년 하반기에 논의되고 있다.

6. 홍콩의 경우 인터넷전문은행의 증가에 대하여 설명하시오.

정답

	특성과 내용적 정리
홍콩의 경우 인터넷전문은행의 증가	아시아에서는 홍콩의 경우 중국의 정보통신 분야에 있어서 세계적인 기업들의 투자가 증가하면서 인터넷전문은행이 인구수에 비하여 적지 않은 수로 2019년 상반기 들어 늘어난 바 있다. 이는 결국 소비자들에게 있어서 편익의 증진효과와 이를 통한 소비자들의 이용 증가가 있는 지와 관련하여 판단해 나갈 수 있는 것이다.

7. 경기 불황과 안전자산 선호 현상에 대하여 설명하시오.

정답

	특성과 내용적 정리
경기 불황과 안전자산 선호 현상	안전자산 선호 현상과 관련하여 2020년 이후에는 어떠한 투자행태가 바람직한 것일까? 미국을 비롯한 세계적인 경기 상황이 2020년 이후 2019년 이전보다 못하다는 판단이 투자자들에게 인식이 될 경우 금을 비롯한 안전자산 선호 현상은 당분간에 걸쳐 지속될 수도 있을 것으로 판단된다.

8. 서울지역의 부동산 가격과 수요측면에 대하여 설명하시오.

정답

	특성과 내용적 정리
서울지역의 부동산 가격과 수요측면	서울지역의 부동산의 경우에 있어서는 해외를 포함하여 수도권 및 지방 등 다양한 수요층이 형성되어 있다고 일부 전문가들은 지적하고 있다. 따라서 이들은 이와 같은 요인들로 인한 잠재적인 서울지역의 부동산 가격이 상승여력이 있다고 판단하고 있다.

9. 부동산과 규제에 대하여 설명하시오.

정답

	특성과 내용적 정리
부동산과 규제	부동산은 역세권과 대형병원, 교통망 구축 등 여러 가지 요인들에 의하여 영향을 받지만 정부의 규제와 같은 제도적인 측면에 있어서 가장 크게 영향을 받는 것으로 해외의 전문가들이 미국을 비롯한 해외 데이터를 통하여 분석하고 있다.

10. 사회적인 책임(social responsibility)과 금융시장 효율성의 관계에 대하여 설명하시오.

정답

	특성과 내용적 정리
사회적인 책임(social responsibility)과 금융시장 효율성의 관계	한국 경제가 지속가능한 대한민국이 되려면 미국에서도 의견을 제시하였던 것처럼 저출산의 극복과 청년 및 중장년 이상 양질의 일자리 창출이 필요한 것이다. 이를 위해서는 꾸준한 경제성장이 필요하다는 것이 일부 전문가들의 의견이기도 하다.
	한국 경제가 더 발전하려면 정부를 비롯하여 소비자와 지역사회 모든 구성원들이 경제적으로 행복하고 화합을 이루어나가야 한다. 이를 위해서는 기업들의 경우 근로자를 비롯하여 협력사들과의 융화가 잘 되는 협력이 무엇보다 절실하다고 시장에서는 내다보고 있다.
	이는 기업들이 잘 진행하여야 하는 사회적인 책임(social responsibility)과 관련된 부분이기도 하고, 주식을 비롯한 금융시장의 효율성과도 연결되어 기업들은 자금 조달에도 긍정적인 영향을 받아 생산을 잘 해 나갈 수 있을 것으로 판단하고 있는 측면이다.

11. 디지털금융과 선진국 7개국의 공조 방안에 대하여 설명하시오.

정답

	특성과 내용적 정리
디지털금융과 선진국 7개국의 공조 방안	디지털금융의 분야는 가상공간에서 이루어질 수 있는 '자금세탁'이라고 불리는 불법적인 부분과 부패와 탈세 등이 이루어지지 않도록 정부에서는 잘 규제를 하고 있다. 이와 같은 노력이 하나의 국가에서 완벽하게 차단될 수 없기 때문에 선진국 7개국이 이와 관련된 대책마련에도 공조를 하고 있다고 시장에서는 판단하고 있다.

핀테크와 부동산
토큰화의 전개 과정

제1절 디지털금융 시대에 지적재산권과 기술, 규모에 의한 경제

인공지능(AI)의 분야는 아직 경험해 볼 수 없었던 새로운 환경을 인간에게 구현해 줄 수 있는 무한한 잠재력을 지니고 있다. 따라서 이 분야의 발전에 걸림돌이 되는 것은 적절한 규제를 하면서 동시에 이 분야가 잘 자리를 잡을 수 있도록 유연한 제도적인 방안이 필요하다고 시장에서는 보고 있다.

■ **표 8-1** 인공지능(AI) 분야의 발전과 규제, 유연한 제도적인 방안

	특성과 내용적 정리
인공지능(AI) 분야의 발전과 규제, 유연한 제도적인 방안	인공지능(AI)의 분야는 아직 경험해 볼 수 없었던 새로운 환경을 인간에게 구현해 줄 수 있는 무한한 잠재력을 지니고 있다. 따라서 이 분야의 발전에 걸림돌이 되는 것은 적절한 규제를 하면서 동시에 이 분야가 잘 자리를 잡을 수 있도록 유연한 제도적인 방안이 필요하다고 시장에서는 보고 있다.

앞에서도 살펴본 바와 같이 외부적인 불경제성(비경제성)을 제거하거나 완화시키려면 세금 부과를 통하여 정책적으로 노력해 나갈 수 있다. 하지만 외국에 있어서 국가적인 신인도가 높지 않은 경우에 있어서는 세금의 부과가 만능적인 해결의 열쇠는 아니고 자금이탈이 발생할 수도 있음을 상기할 필요는 있다.

■ 표 8-2 외부적인 불경제성(비경제성)의 제거와 국가적인 신인도 및 세금의 관계

	특성과 내용적 정리
외부적인 불경제성(비경제성) 의 제거와 국가적인 신인도 및 세금의 관계	외부적인 불경제성(비경제성)을 제거하거나 완화시키려면 세금 부과를 통하여 정책적으로 노력해 나갈 수 있다. 하지만 외국에 있어서 국가적인 신인도가 높지 않은 경우에 있어서는 세금의 부과가 만능적인 해결의 열쇠는 아니고 자금이탈이 발생할 수도 있음을 상기할 필요는 있다.

외부적인 불경제성(비경제성)과 관련하여서는 세금을 낮게 책정하였을 경우 발생할 수도 있다. 이는 선진국보다는 이머징마켓에서 흔히 발생하는 현상으로 국가의 발전단계의 초기에서 공업화의 단계에서 일어난다고 파악된다.

따라서 국가적인 신인도가 낮을 경우에 있어서는 법인세를 비롯하여 세금을 평균적으로 다른 나라들에 비교할 때 낮은 수준에서 유지하려는 경향이 있으며, 이와 같이 낮은 세금 체계가 외부적인 불경제성(비경제성)을 초래하는지는 잘 살펴보아야 한다는 측면이다.

하지만 세계적인 지역들을 살펴볼 때 이머징마켓으로 통칭하여 세금 수준을 판단할 수는 없고, 각 국가들의 발전단계가 다르고 자원의 부존관계 등 서로 다른 환경에 있어서 다르게 적용되는 것도 현실이다.

■ 표 8-3 외부적인 불경제성(비경제성)과 세금 및 이머징마켓

	특성과 내용적 정리
외부적인 불경제성(비경제성)	외부적인 불경제성(비경제성)과 관련하여서는 세금을 낮게 책정하였을 경우 발생할 수도 있다. 이는 선진국보다는 이머징마켓에서 흔

과 세금 및 이머징마켓	히 발생하는 현상으로 국가의 발전단계의 초기에서 공업화의 단계 에서 일어난다고 파악된다.

■ 표 8-4 이머징마켓을 비롯한 세계 각국의 조세 정책의 환경

	특성과 내용적 정리
이머징마켓을 비롯한 세계 각국의 조세 정책의 환경	국가적인 신인도가 낮을 경우에 있어서는 법인세를 비롯하여 세금 을 평균적으로 다른 나라들에 비교할 때 낮은 수준에서 유지하려는 경향이 있으며, 이와 같이 낮은 세금 체계가 외부적인 불경제성(비 경제성)을 초래하는지는 잘 살펴보아야 한다는 측면이다.
	세계적인 지역들을 살펴볼 때 이머징마켓으로 통칭하여 세금 수준 을 판단할 수는 없고, 각 국가들의 발전단계가 다르고 자원의 부존 관계 등 서로 다른 환경에 있어서 다르게 적용되는 것도 현실이다.

■ 표 8-5 구매력 수준과 경제 활력 및 세금의 관계

	특성과 내용적 정리
구매력 수준과 경제 활력 및 세금의 관계	세금 수준이 높고 낮은 것에 따라서 경제적인 활력에도 차이가 발 생할 수 있는 민감성이 또한 존재하는 것이 현실이다. 이는 개인들 에게 있어서 동일한 소득 수준하에서도 더 가처분소득이 늘어나거 나 줄어드는 것으로 반영될 수 있기 때문이다.
	현재의 구매력을 수반한 인구의 구조와 소비 여력 등이 함께 정책 적으로 고려되어야 한다고 일부 전문가들은 주장한다. 예를 들어, 노년의 인구가 상대적으로 증가할 경우에 있어서는 소비 여력이 부 족하기 때문에 구매력이 부족하여 경제적인 활력이 줄어드는 경제 체제를 경험할 수 있기 때문이다.

세금 수준이 높고 낮은 것에 따라서 경제적인 활력에도 차이가 발생할 수 있
는 민감성이 또한 존재하는 것이 현실이다. 이는 개인들에게 있어서 동일한 소득
수준하에서도 더 가처분소득이 늘어나거나 줄어드는 것으로 반영될 수 있기 때문
이다.

이에 따라 현재의 구매력을 수반한 인구의 구조와 소비 여력 등이 함께 정책

적으로 고려되어야 한다고 일부 전문가들은 주장한다. 예를 들어, 노년의 인구가 상대적으로 증가할 경우에 있어서는 소비 여력이 부족하기 때문에 구매력이 부족하여 경제적인 활력이 줄어드는 경제 체제를 경험할 수 있기 때문이다.

여기서 의미하는 경제적인 활력은 공장가동률도 높고 이에 따라 고용도 증가하고 임금 수준의 향상이 일어나고 소비도 증가하여 다시 공장의 물건들의 판매가 증가하여 다시 고용이 증가하는 경제의 선순환 구조를 일컫는다.

한편 디지털금융의 시대에 있어서는 지적재산권과 기술에 대한 권리와 자산 가치가 중요하게 다루어지고 있는데, 국가들의 단위에 있어서 자국 이외 국가로의 회사와 이들 자산의 이동에 대하여 민감하게 반응하고 있고 이러한 추세는 당분간 지속되거나 강화될 수도 있을 것으로 일부 전문가들은 판단하고 있다.

■ **표 8-6** 디지털금융의 시대에 있어서 지적재산권과 기술

	특성과 내용적 정리
디지털금융의 시대에 있어서 지적재산권과 기술	경제적인 활력은 공장가동률도 높고 이에 따라 고용도 증가하고 임금 수준의 향상이 일어나고 소비도 증가하여 다시 공장의 물건들의 판매가 증가하여 다시 고용이 증가하는 경제의 선순환 구조를 일컫는다.
	디지털금융의 시대에 있어서는 지적재산권과 기술에 대한 권리와 자산 가치가 중요하게 다루어지고 있는데, 국가들의 단위에 있어서 자국 이외 국가로의 회사와 이들 자산의 이동에 대하여 민감하게 반응하고 있고 이러한 추세는 당분간 지속되거나 강화될 수도 있을 것으로 일부 전문가들은 판단하고 있다.

현재 다국적 기업들은 자금 조달이 용이하고 이에 따라 높은 수익을 추구할 수 있는 국가들을 선호하여 여기서 생산이 이루어지기를 희망하기도 한다. 이는 다국적 기업들 중에서 규모에 의한 경제를 경험하면서 성공한 사례가 실제로 일어나기 때문이기도 하다.

■ **표 8-7** 다국적 기업들과 규모에 의한 경제

	특성과 내용적 정리
다국적 기업들과 규모에 의한 경제	다국적 기업들은 자금 조달이 용이하고 이에 따라 높은 수익을 추구할 수 있는 국가들을 선호하여 여기서 생산이 이루어지기를 희망하기도 한다. 이는 다국적 기업들 중에서 규모에 의한 경제를 경험하면서 성공한 사례가 실제로 일어나기 때문이기도 하다.

제2절 핀테크와 부동산 토큰화의 전개

<그림 8-1>에는 한국 경제성장률의 증감분(좌축)과 한국 내국세(우축)의 증감분 추이가 표기되어 있다. 이 그래프의 데이터 기간에서 한국 경제성장률의 증감분과 한국 내국세의 증감분은 전년대비이며, 각각 2010년부터 2017년과 2010년부터 2018까지에 해당한다.

한국 경제성장률의 증감분과 한국 내국세의 증감분의 단위는 각각 %와 억 원에 해당한다. 이 데이터들은 한국은행에서 제공하는 홈페이지의 경제통계와 관련된 검색시스템에서 간편 검색이라는 사이트를 통하여 수집한 것이다. 이 기간 동안의 한국 경제성장률의 증감분과 한국 내국세의 증감분의 상관계수는 −0.29771이다.

■ **그림 8-1** 한국 경제성장률의 증감분(좌축)과 한국 내국세(우축)의 증감분 추이

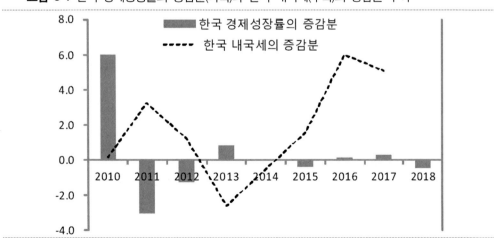

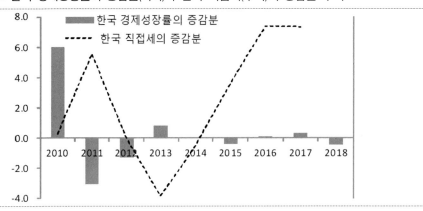

<그림 8-2>에는 한국 경제성장률의 증감분(좌축)과 한국 직접세(우축)의 증감분 추이가 표기되어 있다. 이 그래프의 데이터 기간에서 한국 경제성장률의 증감분과 한국 직접세의 증감분은 전년대비이며, 각각 2010년부터 2017년과 2010년부터 2018까지에 해당한다.

한국 경제성장률의 증감분과 한국 직접세의 증감분의 단위는 각각 %와 억 원에 해당한다. 이 데이터들은 한국은행에서 제공하는 홈페이지의 경제통계와 관련된 검색시스템에서 간편 검색이라는 사이트를 통하여 수집한 것이다. 이 기간 동안의 한국 경제성장률의 증감분과 한국 직접세의 증감분의 상관계수는 −0.30520이다.

<그림 8-3>에는 한국 경제성장률의 증감분(좌축)과 한국 소득세(우축)의 증감분 추이가 표기되어 있다. 이 그래프의 데이터 기간에서 한국 경제성장률의 증감분과 한국 소득세의 증감분은 전년대비이며, 각각 2010년부터 2017년과 2010년부터 2018까지에 해당한다.

한국 경제성장률의 증감분과 한국 소득세의 증감분의 단위는 각각 %와 억 원에 해당한다. 이 데이터들은 한국은행에서 제공하는 홈페이지의 경제통계와 관련된 검색시스템에서 간편 검색이라는 사이트를 통하여 수집한 것이다. 이 기간 동안의 한국 경제성장률의 증감분과 한국 소득세의 증감분의 상관계수는 -0.31317이다.

<그림 8-4>에는 한국 경제성장률의 증감분(좌축)과 한국 종합부동산세(우축)의 증감분 추이가 표기되어 있다. 이 그래프의 데이터 기간에서 한국 경제성장률의 증감분과 한국 종합부동산세의 증감분은 전년대비이며, 각각 2010년부터 2017년과 2010년부터 2018까지에 해당한다.

한국 경제성장률의 증감분과 한국 종합부동산세의 증감분의 단위는 각각 %와 억 원에 해당한다. 이 데이터들은 한국은행에서 제공하는 홈페이지의 경제통계와 관련된 검색시스템에서 간편 검색이라는 사이트를 통하여 수집한 것이다. 이 기간 동안의 한국 경제성장률의 증감분과 한국 종합부동산세의 증감분의 상관계수는 -0.46023이다.

<그림 8-5>에는 한국 경제성장률의 증감분(좌축)과 한국 지방세합계(우축)의 증감분 추이가 표기되어 있다. 이 그래프의 데이터 기간에서 한국 경제성장률의 증감분과 한국 지방세합계의 증감분은 전년대비이며, 각각 2010년부터 2017년과 2010년부터 2018까지에 해당한다.

한국 경제성장률의 증감분과 한국 지방세합계의 증감분의 단위는 각각 %와 억 원에 해당한다. 이 데이터들은 한국은행에서 제공하는 홈페이지의 경제통계와 관련된 검색시스템에서 간편 검색이라는 사이트를 통하여 수집한 것이다. 이 기간 동안의 한국 경제성장률의 증감분과 한국 지방세합계의 증감분의 상관계수는 -0.00702이다.

■ **그림 8-4** 한국 경제성장률의 증감분(좌축)과 한국 종합부동산세(우축)의 증감분 추이

■ **그림 8-5** 한국 경제성장률의 증감분(좌축)과 한국 지방세합계(우축)의 증감분 추이

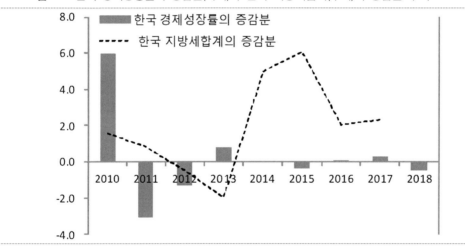

도시의 개발사업은 도시 중심 지역 내에 낙후된 곳에 중상류에 의한 또는 상류층의 계층에 속하는 사람들이 이주해서 발생하는 젠트리피케이션(gentrification) 현상이 발생하기도 한다고 일부 전문가들은 지적한다.

이들 일부의 전문가들은 젠트리피케이션(gentrification) 현상보다는 모든 계층의 사람들이 공존하고 소득이 낮은 사람들이 양질의 일자리에 대한 취업과 소득이 높은 사람들로 자연스럽게 이동할 수 있는 구조의 파레토 최적의 경제를 달성해 나가는 것이 중요하다고 지적한다.

이를 위해서는 경제 성장도 중요하고 이를 통한 복지 수준의 향상과 경제의 선순환 구조의 유도 및 정착화 과정이 정책적으로 중요하며, 공평한 세제 체계의 구현도 함께 이룩되어 소득재분배도 명확히 해 나갈 필요성이 대두된다.

■ **표 8-8** 젠트리피케이션(gentrification)현상과 경제 성장 및 복지 수준의 향상

	특성과 내용적 정리
젠트리피케이션 (gentrification) 현상과 경제 성장 및 복지 수준의 향상	도시의 개발사업은 도시 중심 지역 내에 낙후된 곳에 중상류에 의한 또는 상류층의 계층에 속하는 사람들이 이주해서 발생하는 젠트리피케이션(gentrification) 현상이 발생하기도 한다고 일부 전문가들은 지적한다.
	일부의 전문가들은 젠트리피케이션(gentrification) 현상보다는 모든 계층의 사람들이 공존하고 소득이 낮은 사람들이 양질의 일자리에 대한 취업과 소득이 높은 사람들로 자연스럽게 이동할 수 있는 구조의 파레토 최적의 경제를 달성해 나가는 것이 중요하다고 지적한다.
	경제 성장도 중요하고 이를 통한 복지 수준의 향상과 경제의 선순환 구조의 유도 및 정착화 과정이 정책적으로 중요하며, 공평한 세제 체계의 구현도 함께 이룩되어 소득재분배도 명확히 해 나갈 필요성이 대두된다.

■ **표 8-9** 부동산의 토큰화와 P2P결제시스템

	특성과 내용적 정리
부동산의 토큰화와 P2P결제시스템	독일에서 부동산의 토큰화와 관련하여 언급을 하였는데, 후순위의 채권형식을 갖춘 것으로 알려지고 있다. 이는 독일지역 이내에서 부동산에 대한 포트폴리오의 투자결과에 의하여 매해 정기적인 배당(dividend)을 받을 수 있다는 것이다.
	디지털금융에서 앞으로 전개되고 있는 P2P결제시스템은 은행들을 거래하는 고객들이 이메일의 주소 또는 휴대폰으로 송금할 수 있고, 발신하는 사람이 수신하는 이용 고객으로 바뀔 수 있는 것을 의미한다. 또한 소매단계에서 제휴로 인하여 현금에 대한 인출도 가능한 시스템도 갖춰나갈 수 있다는 것이다.

앞서 독일에서 부동산의 토큰화와 관련하여 언급을 하였는데, 후순위의 채권 형식을 갖춘 것으로 알려지고 있다. 이는 독일지역 이내에서 부동산에 대한 포트폴리오의 투자결과에 의하여 매해 정기적인 배당(dividend)을 받을 수 있다는 것이다.

디지털금융에서 앞으로 전개되고 있는 P2P결제시스템은 은행들을 거래하는 고객들이 이메일의 주소 또는 휴대폰으로 송금할 수 있고, 발신하는 사람이 수신하는 이용 고객으로 바뀔 수 있는 것을 의미한다. 또한 소매단계에서 제휴로 인하여 현금에 대한 인출도 가능한 시스템도 갖춰나갈 수 있다는 것이다.

1. 인공지능(AI) 분야의 발전과 규제, 유연한 제도적인 방안에 대하여 설명하시오.

정답

	특성과 내용적 정리
인공지능(AI) 분야의 발전과 규제, 유연한 제도적인 방안	인공지능(AI)의 분야는 아직 경험해 볼 수 없었던 새로운 환경을 인간에게 구현해 줄 수 있는 무한한 잠재력을 지니고 있다. 따라서 이 분야의 발전에 걸림돌이 되는 것은 적절한 규제를 하면서 동시에 이 분야가 잘 자리를 잡을 수 있도록 유연한 제도적인 방안이 필요하다고 시장에서는 보고 있다.

2. 외부적인 불경제성(비경제성)의 제거와 국가적인 신인도 및 세금의 관계에 대하여 설명하시오.

정답

	특성과 내용적 정리
외부적인 불경제성(비경제성)의 제거와 국가적인 신인도 및 세금의 관계	외부적인 불경제성(비경제성)을 제거하거나 완화시키려면 세금 부과를 통하여 정책적으로 노력해 나갈 수 있다. 하지만 외국에 있어서 국가적인 신인도가 높지 않은 경우에 있어서는 세금의 부과가 만능적인 해결의 열쇠는 아니고 자금이탈이 발생할 수도 있음을 상기할 필요는 있다.

3. 외부적인 불경제성(비경제성)과 세금 및 이머징마켓에 대하여 설명하시오.

정답

	특성과 내용적 정리
외부적인 불경제성(비경제성)과 세금 및 이머징마켓	외부적인 불경제성(비경제성)과 관련하여서는 세금을 낮게 책정하였을 경우 발생할 수도 있다. 이는 선진국보다는 이머징마켓에서 흔히 발생하는 현상으로 국가의 발전단계의 초기에서 공업화의 단계에서 일어난다고 파악된다.

4. 이머징마켓을 비롯한 세계 각국의 조세 정책의 환경에 대하여 설명하시오.

정답

국가적인 신인도가 낮을 경우에 있어서는 법인세를 비롯하여 세금을 평균적으로 다른 나라들에 비교할 때 낮은 수준에서 유지하려는 경향이 있으며, 이와 같이 낮은 세금 체계가 외부적인 불경제성(비경제성)을 초래하는 지는 잘 살펴보아야 한다는 측면이다.

세계적인 지역들을 살펴볼 때 이머징마켓으로 통칭하여 세금 수준을 판단할 수는 없고, 각 국가들의 발전단계가 다르고 자원의 부존관계 등 서로 다른 환경에 있어서 다르게 적용되는 것도 현실이다.

5. 구매력 수준과 경제 활력 및 세금의 관계에 대하여 설명하시오.

정답

	특성과 내용적 정리
구매력 수준과 경제 활력 및 세금의 관계	세금 수준이 높고 낮은 것에 따라서 경제적인 활력에도 차이가 발생할 수 있는 민감성이 또한 존재하는 것이 현실이다. 이는 개인들에게 있어서 동일한 소득 수준 하에서도 더 가처분소득이 늘어나거나 줄어드는 것으로 반영될 수 있기 때문이다.
	현재의 구매력을 수반한 인구의 구조와 소비 여력 등이 함께 정책적으로 고려되어야 한다고 일부 전문가들은 주장한다. 예를 들어, 노년의 인구가 상대적으로 증가할 경우에 있어서는 소비 여력이 부족하기 때문에 구매력이 부족하여 경제적인 활력이 줄어드는 경제 체제를 경험할 수 있기 때문이다.

6. 디지털금융의 시대에 있어서 지적재산권과 기술에 대하여 설명하시오.

정답

	특성과 내용적 정리
디지털금융의 시대에 있어서 지적재산권과 기술	경제적인 활력은 공장가동률도 높고 이에 따라 고용도 증가하고 임금 수준의 향상이 일어나고 소비도 증가하여 다시 공장의 물건들의 판매가 증가하여 다시 고용이 증가하는 경제의 선순환 구조를 일컫는다.
	디지털금융의 시대에 있어서는 지적재산권과 기술에 대한 권리와 자산 가치가 중요하게 다루어지고 있는데, 국가들의 단위에 있어서 자국 이외 국가로의 회사와 이들 자산의 이동에 대하여 민감하

게 반응하고 있고 이러한 추세는 당분간 지속되거나 강화될 수도 있을 것으로 일부 전문가들은 판단하고 있다.

7. 다국적 기업들과 규모에 의한 경제에 대하여 설명하시오.

정답

　다국적 기업들은 자금 조달이 용이하고 이에 따라 높은 수익을 추구할 수 있는 국가들을 선호하여 여기서 생산이 이루어지기를 희망하기도 한다. 이는 다국적 기업들 중에서 규모에 의한 경제를 경험하면서 성공한 사례가 실제로 일어나기 때문이기도 하다.

8. 젠트리피케이션(gentrification)현상과 경제 성장 및 복지 수준의 향상에 대하여 설명하시오.

정답

	특성과 내용적 정리
젠트리피케이션 (gentrification) 현상과 경제 성장 및 복지 수준의 향상	도시의 개발사업은 도시 중심 지역 내에 낙후된 곳에 중상류에 의한 또는 상류층의 계층에 속하는 사람들이 이주해서 발생하는 젠트리피케이션(gentrification) 현상이 발생하기도 한다고 일부 전문가들은 지적한다.
	일부의 전문가들은 젠트리피케이션(gentrification) 현상보다는 모든 계층의 사람들이 공존하고 소득이 낮은 사람들이 양질의 일자리에 대한 취업과 소득이 높은 사람들로 자연스럽게 이동할 수 있는 구조의 파레토 최적의 경제를 달성해 나가는 것이 중요하다고 지적한다.
	경제 성장도 중요하고 이를 통한 복지 수준의 향상과 경제의 선순환 구조의 유도 및 정착화 과정이 정책적으로 중요하며, 공평한 세제 체계의 구현도 함께 이룩되어 소득재분배도 명확히 해 나갈 필요성이 대두된다.

9. 부동산의 토큰화와 P2P결제시스템에 대하여 설명하시오.

정답

	특성과 내용적 정리
부동산의 토큰화와 P2P결제시스템	독일에서 부동산의 토큰화와 관련하여 언급을 하였는데, 후순위의 채권형식을 갖춘 것으로 알려지고 있다. 이는 독일지역 이내에서 부동산에 대한 포트폴리오의 투자결과에 의하여 매해 정기적인 배당(dividend)을 받을 수 있다는 것이다.
	디지털금융에서 앞으로 전개되고 있는 P2P결제시스템은 은행들을 거래하는 고객들이 이메일의 주소 또는 휴대폰으로 송금할 수 있고, 발신하는 사람이 수신하는 이용 고객으로 바뀔 수 있는 것을 의미한다. 또한 소매단계에서 제휴로 인하여 현금에 대한 인출도 가능한 시스템도 갖춰나갈 수 있다는 것이다.

PART

인공지능(AI) 트렌드의 재정·디지털금융 : 부자(富者)의 기회

인공지능(AI) 트렌드의 디지털금융과 부동산STO시장

제1절 증강현실의 디지털은행시스템과 부동산STO시장

증강현실의 구매단계에서는 휴대폰의 앱 상에서 제품에 대한 설명과 관심이 있는 제품들을 찾는 단계로 접어들면서 다양한 쇼핑이 가능한 시대로 디지털은행 시스템과 함께 발전해 나가고 있다.

■ **표 9-1** 증강현실을 이용한 휴대폰의 앱 상에서의 거래와 디지털은행시스템

	특성과 내용적 정리
증강현실을 이용한 휴대폰의 앱 상에서의 거래와 디지털은행시스템	증강현실의 구매단계에서는 휴대폰의 앱 상에서 제품에 대한 설명과 관심이 있는 제품들을 찾는 단계로 접어들면서 다양한 쇼핑이 가능한 시대로 디지털은행시스템과 함께 발전해 나가고 있다.

또한 디지털금융은 블록체인 기술을 활용한 부동산의 증권토큰공개인 부동산 STO시장에 대하여 미국을 비롯한 선진국들이 관심을 나타내고 있다. 이는 블록체인 기술이 다양한 산업들과 함께 동반 성장해 나갈 수 있는 것을 의미한다.

■ **표 9-2** 부동산STO시장

	특성과 내용적 정리
부동산STO시장	디지털금융은 블록체인 기술을 활용한 부동산의 증권토큰공개인 부동산STO시장에 대하여 미국을 비롯한 선진국들이 관심을 나타내고 있다. 이는 블록체인 기술이 다양한 산업들과 함께 동반 성장해 나갈 수 있는 것을 의미한다.

현재 세계적으로 관심이 있는 부동산관련 플랫폼 체계에서는 블록체인(Blockchain) 기술을 이용하여 투명성이 있고 편리성이 제고된 주거에 대한 공급 및 투자 그리고 서비스(service)가 이루어지도록 하는 거래시스템과 관련된 것이다. 이는 휴대폰 및 컴퓨터와 연계된 시스템으로 궁극적으로 커뮤니티에 대하여 개발하는 데에 있어서의 프로젝트를 주거 단위로 하여 영위해 나가게 되는 것이다.

■ **표 9-3** 부동산관련 플랫폼 체계와 블록체인 기술의 장점

	특성과 내용적 정리
부동산관련 플랫폼 체계와 블록체인 기술의 장점	세계적으로 관심이 있는 부동산관련 플랫폼 체계에서는 블록체인(Blockchain) 기술을 이용하여 투명성이 있고 편리성이 제고된 주거에 대한 공급 및 투자 그리고 서비스(service)가 이루어지도록 하는 거래시스템과 관련된 것이다. 이는 휴대폰 및 컴퓨터와 연계된 시스템으로 궁극적으로 커뮤니티에 대하여 개발하는 데에 있어서의 프로젝트를 주거 단위로 하여 영위해 나가게 되는 것이다.

제2절 인공지능(AI) 트렌드의 재정·디지털금융 : 부자(富者)의 기회

세계 1위의 부자는 어떻게 진행되었을까? 이는 3차 산업혁명 시대와 4차 산업혁명의 시대를 거치면서 공통점이 ICT를 기반으로 하는 정보통신기술과 직접적인 관련성이 있다는 것이다.

이에 따라 마이크로소프트의 빌 게이츠회장과 아마존의 제프 베조스회장이 탄생된 것으로 판단된다. 그러면 향후 5차 산업혁명도 이 흐름이 지속된다면 ICT를 기반으로 하는 정보통신기술과 연결되어 진행될 것이다.

■ 표 9-4 5차 산업혁명 : ICT를 기반으로 하는 정보통신기술과 연결 가능성

	특성과 내용적 정리
5차 산업혁명 : ICT를 기반으로 하는 정보통신기술과 연결 가능성	세계 1위의 부자는 어떻게 진행되었을까? 이는 3차 산업혁명 시대와 4차 산업혁명의 시대를 거치면서 공통점이 ICT를 기반으로 하는 정보통신기술과 직접적인 관련성이 있다는 것이다.
	마이크로소프트의 빌 게이츠회장과 아마존의 제프 베조스회장이 탄생된 것으로 판단된다. 그러면 향후 5차 산업혁명도 이 흐름이 지속된다면 ICT를 기반으로 하는 정보통신기술과 연결되어 진행될 것이다.

이는 주식투자의 경우에 있어서 기술주 중심의 투자가 크게 나쁘지는 않을 것으로 판단된다. 물론 여기서 고려해야 하는 점이 미국을 중심으로 하는 세계 경제와 금융이 호황과 불황의 어디에 속해 있는지 잘 판단해야 하는 거시경제적인 (macro economic) 판단도 중요한 하나의 요소이다.

한국 경제의 금융시장에서 투자유망 테마는 무엇이었고 향후 어떻게 바라볼 것인가? 2016년 이후 한국의 가장 대표적인 주식이 두 배 정도 상승한 것과 이후 비트코인을 중심으로 하는 가상화폐시장이 투자의 관점에서 주목을 받은 바 있다.

	특성과 내용적 정리
기술주 중심의 투자	주식투자의 경우에 있어서 기술주 중심의 투자가 크게 나빠지는 않을 것으로 판단된다. 물론 여기서 고려해야 하는 점이 미국을 중심으로 하는 세계 경제와 금융이 호황과 불화의 어디에 속해 있는지 잘 판단해야 하는 거시경제적인(macro economic) 판단도 중요한 하나의 요소이다.
	한국 경제의 금융시장에서 투자유망 테마는 무엇이었고 향후 어떻게 바라볼 것인가? 2016년 이후 한국의 가장 대표적인 주식이 두 배 정도 상승한 것과 이후 비트코인을 중심으로 하는 가상화폐시장이 투자의 관점에서 주목을 받은 바 있다.

■■■ 표 9-6 부동산(아파트) 투자 현상과 기술주 투자의 흐름

	특성과 내용적 정리
부동산(아파트) 투자 현상과 기술주 투자의 흐름	부동산(아파트) 가격이 특정 지역을 중심으로 하여 확대되면서 투자 유망한 실물투자로서 이어진 점이 특징이다. 이후 이와 같은 실물투자의 패턴이 지속되고 경기침체의 우려로 인하여 금과 같은 안전자산 선호현상이 강화되고 있다는 측면이다.
	한국의 2000년대 이후 최고의 부자는 미국과 같은 패턴일까? 아니면 한국만의 고유의 현상으로 진행되었거나 진행되고 있는 것일까? 한국의 경우에 있어서도 ICT를 기반으로 하는 정보통신기술과 직접적인 관련성이 높다.
	미국과 같은 패턴을 보인다는 것이다. 이는 향후 주식투자의 경우에 있어서도 이와 같은 기술주의 흐름이 중요하다는 것을 시사하고 있는 것이다. 단지 미국을 중심으로 하는 세계 경기의 호황 내지는 불황 국면과 이에 따른 미국의 금리인하와 같은 정책을 비롯하여 한국의 경우 지정학적인 대외관계까지 잘 고려하여 판단해 나가야 한다.

이후 부동산(아파트) 가격이 특정 지역을 중심으로 하여 확대되면서 투자 유망한 실물투자로서 이어진 점이 특징이다. 이후 이와 같은 실물투자의 패턴이 지속되고 경기침체의 우려로 인하여 금과 같은 안전자산 선호현상이 강화되고 있다는

측면이다.

그러면 한국의 2000년대 이후 최고의 부자는 미국과 같은 패턴일까? 아니면 한국만의 고유의 현상으로 진행되었거나 진행되고 있는 것일까? 한국의 경우에 있어서도 ICT를 기반으로 하는 정보통신기술과 직접적인 관련성이 높다.

이는 미국과 같은 패턴을 보인다는 것이다. 이는 향후 주식투자의 경우에 있어서도 이와 같은 기술주의 흐름이 중요하다는 것을 시사하고 있는 것이다. 단지 미국을 중심으로 하는 세계 경기의 호황 내지는 불황 국면과 이에 따른 미국의 금리인하와 같은 정책을 비롯하여 한국의 경우 지정학적인 대외관계까지 잘 고려하여 판단해 나가야 한다.

한국의 부동산(아파트)의 경우에 있어서도 미국의 뉴욕이나 동아시아의 홍콩 등과 비교하여 판단해 볼 필요도 있다. 이는 향후 추가적인 가격동향에 확인해 볼 필요가 있다는 것이다.

그리고 부동산의 경우에 있어서도 금융과 마찬가지로 세계적인 부동산 투자에 일정한 패턴을 지니고 있음도 알아야 한다. 물론 역세권과 한강과 관련된 특정지역에 대한 선호현상 등과 전통적으로 관심을 갖고 있는 지역 등이 향후에도 강세를 보일 것으로 시장에서는 판단하고 있는 측면도 있다.

그리고 미국과 함께 고려해야 할 점은 도시들이 재개발과 함께 도시재생의 프로젝트 중심으로 나가고 있는 점, 전통적으로 건설경기의 사이클까지 모두 고려되어야 한다. 무엇보다 가장 중요한 것은 부동산의 경우에 있어서는 법과 제도적인 흐름이 투자 시에 가장 중요한 요인도 될 수 있음도 고려해 나가야 한다.

한국의 경우에 있어서 주식과 가상화폐에서 부동산과 연관되어 있는 실물시장으로 이동하였고, 안전자산 선호가 덧붙여지면서 부동산과 함께 금 투자까지 투자 시에 가장 고려되는 것도 판단지표가 될 것이다.

전통적으로 투자은행에서 강점을 지니고 있는 미국의 경우에 있어서 세계적인 거시경제적인 환경과 산업동향을 파악하고 기업에 대한 투자를 하는 중요한 요소들도 잘 파악해야 한다. 이는 주식투자 시에 보다 폭넓은 관점과 시각에서 기본적인 분석과 기술적인 분석도 함께 잘 병행해 나가야 한다는 측면이다.

	특성과 내용적 정리
안전자산 선호 현상 : 부동산과 금 투자	한국의 부동산(아파트)의 경우에 있어서도 미국의 뉴욕이나 동아시아의 홍콩 등과 비교하여 판단해 볼 필요도 있다. 이는 향후 추가적인 가격동향에 확인해 볼 필요가 있다는 것이다.
	부동산의 경우에 있어서도 금융과 마찬가지로 세계적인 부동산 투자에 일정한 패턴을 지니고 있음도 알아야 한다. 물론 역세권과 한강과 관련된 특정지역에 대한 선호현상 등과 전통적으로 관심을 갖고 있는 지역 등이 향후에도 강세를 보일 것으로 시장에서는 판단하고 있는 측면도 있다.
	미국과 함께 고려해야 할 점은 도시들이 재개발과 함께 도시재생의 프로젝트 중심으로 나가고 있는 점, 전통적으로 건설경기의 사이클까지 모두 고려되어야 한다. 무엇보다 가장 중요한 것은 부동산의 경우에 있어서는 법과 제도적인 흐름이 투자 시에 가장 중요한 요인도 될 수 있음도 고려해 나가야 한다.
	한국의 경우에 있어서 주식과 가상화폐에서 부동산과 연관되어 있는 실물시장으로 이동하였고, 안전자산 선호가 덧붙여지면서 부동산과 함께 금 투자까지 투자 시에 가장 고려되는 것도 판단지표가 될 것이다.
	전통적으로 투자은행에서 강점을 지니고 있는 미국의 경우에 있어서 세계적인 거시경제적인 환경과 산업동향을 파악하고 기업에 대한 투자를 하는 중요한 요소들도 잘 파악해야 한다. 이는 주식투자 시에 보다 폭넓은 관점과 시각에서 기본적인 분석과 기술적인 분석도 함께 잘 병행해 나가야 한다는 측면이다.

• 참고문헌 •

Aghion, P. & Howitt, P.(1998), Endogenous Growth Theory, Cambridge : MIT Press.

Al−Ghamdi, A., Charles, D. & Tamira, K.(2011), Gender Perceptions towards Internet Banking Loyalty : Empirical Evidence, Academy of Marketing, 2−17. Alsajjan, B., & Dennis, C.(2010), "Internet banking acceptance model : Cross−market examination", *Journal of Business Research*, 63(9).

Barro, R. J. and Sala−I−Martin, X.(1995), Economic Growth, New York : McGraw−Hill.

Croix, D. L. and Michel, P.(2002), A Theory of Economic Growth, Cambridge : Cambridge University Press.

Engen, E. M. and Skinner, J.(1996), "Taxation and economic growth", *NBER Working Paper*, No. 5826.

Henry, S. and Walsh, L.(2010), E−commerce emergence in developed nations, 3rd Ed.

Joseph, F. & Black, W.(2010), Multivariate Data Analysis(Seventh Ed.), New Jersey : Pearson Prentice Hall.

Norzaidi, M. D., Nor, I. M., and Sabrina, A, A.(2011), "Customer's perception toward information security in Internet banking system in Malaysia", *Austrailian Journal of Basic and Applied Sciences*, 5(9).

Stokey, N. L. and Rebelo, S.(1995), "Growth effects of flat−rate taxes", *Journal of Political Economy*, 103.

http://ecos.bok.or.kr/

찾아보기

ㄱ

가격탄력성 143

가상화폐 119, 150, 158, 201

가상화폐시장 178

간접세 22

간접세제 99

개별소비세 163

거래대금 일평균 100

거래량 90

거래소 191, 201

건물 42

건축자재 도매업 113

경기 92, 147, 152, 225

경기변동 30

경기호황 106

경상지수 104

경제 216

경제성장률 131, 169, 210, 211

공공부문 70

공급 197

공유(sharing) 38

공유경제 27, 39, 63, 78, 116, 132

공정성 109

공평과세 71

공평성 64

공화당정부 33

과년도수입 29

과세권의 강화 181

관세 31

관세부과 114, 126

관세정책 142

교육세 35

교통세 29

국가 24

국가 위험도 137

국고채(3년) 50

국고채(3년) 금리 176

국고채(3년, 좌축) 148

국세합계 18

국제 협약 83

국채 105, 123

국채발행 163

규모의 경제 155, 167

글로벌경제 140, 151

글로벌화 74

금(gold) 28, 170

금리 20, 91, 138, 176

금리인하정책 88, 105

금리정책 110

금융 131

금융거래비용 182

금융시장 20, 166

금융시장 효율성 198, 202

금융혁신 190, 192, 199

기계장비 111

기금형의 퇴직연금 180

기술 98, 216
기술주 224
기초생활 55
기축통화 102

ㄴ

나스닥 10
내국세 18
농어촌특별세 35
니케이지수 15

ㄷ

다국적 기업 217
다우존스 12
닥스지수 16
단기금리 93
달러 53, 59
대외경제 37
데이터(data) 174, 184
독일 17
동남아시아 77
디지털경제 87
디지털금융 119, 120, 127, 128, 155,
  167, 175, 184, 187, 190, 192, 203,
  205, 208, 214
디지털금융서비스 174, 183
디지털은행시스템 221
디지털의 결제계정시스템 173

ㄹ

리브라 158, 178

ㅁ

마이너스 금리 89
무담보콜금리 148, 149, 175
무역 164
무역분쟁 55, 75, 151
문화 118
미국 34, 60, 82, 110, 114, 194
미국경제 45, 48, 57
미국정부 48
미세먼지 196

ㅂ

반덤핑관세 140
반도체 서버 117
방위세 31
배당수익 85
법인세 21
법인세율 33, 38, 81, 82, 137
복리 32
복지 213
부가가치세 22
부동산 88, 97, 136, 138, 139, 209, 226
부동산 가격 195
부동산STO시장 222
부동산의 토큰화 218
부유세 16
부의 불균형 42
부자(富者) 223
부품판매업 108
분업 74
불확실성 30, 54, 107
불황 106
블록체인 11, 222

비대칭성 40
비용 172

ㅅ

4차 산업혁명 32, 199
사치품 103
사회 인프라 투자 68
사회적인 책임 198
산업별 113
산업생산지수 177, 193
산업정책 91
상속세 21, 51
상장 128
상장주식 회전율 101
상장지수펀드 14
상하이의 종합지수 13
생산 200
생산성 136
생태계 78
생활필수품 103
서비스업생산지수 104
서울지역 195, 202
선진 7개국 166, 203
선진국 87, 95
설비투자 121
세계 경제 75
세금 67, 70, 83, 207
세율 24
세제 41, 49, 58, 68, 80
세제 개편 165, 180
세제 조약 84
소득세 19
소득세율 38
소비자물가지수 194

수익 122
수익률 169
수출 43
수출비중 98, 121
스마트폰 25
스톡스 10
스튜어드십 코드 141
스트레이츠 15
승차공유 76
시가총액 90, 141
시세차익 101
시중은행 164
실물투자 95
쌍무 84

ㅇ

안전자산 40, 97, 107, 124, 147
안전자산 선호 226
안전자산 선호현상 170, 182
암호화폐 143, 159
암호화폐의 지갑 152
양도소득세 179
엔화 53, 59, 102
역전현상 154
연료 소매업 118
오피스텔 36
외부 불경제성 196
외부적인 불경제성 206
운수 및 창고업 135
원/미국달러 145, 146
원달러환율 144
위험 134
위험 회피적 41
유럽 89, 127

육상 운송업 135
음식료품 111
의료서비스 116
이머징마켓 206, 215
인공지능(AI) 9, 11, 25, 38, 63, 77, 79, 81, 94, 115, 187, 189, 205, 215
인버스 14
인지세 26
인터넷 132
인터넷 전문은행 171
일본 52, 112
일본정부채(10년) 66

ㅈ

자동차 108
자본 133
자산(asset) 52
장기금리 93, 154
장단기 금리 64, 96, 124
장단기 금리구조 92
재정정책 125
재정학 27, 39
재테크 9, 34, 46
저금리 168
전문 소매업 120
절세 51, 58, 179
정보통신분야 73
젠트리피케이션(gentrification) 213, 217
조세 207
조세정책 109, 142
종목 수 72
종합부동산세 47, 212
주세 23
주식 96

주식시장 112, 125, 165
중국 37, 60, 126
중립적인 세제 65
증강현실 221
증권거래세 26
증권거래세제 123
증시 17
지방세 47
지수 15
지적재산권 208
직접세 19, 49
직접세제 99

ㅊ

침체국면 46, 57

ㅋ

코스닥(KOSDAQ)지수 144, 146, 153
코스피 12
코스피(KOSPI)지수 145, 153

ㅌ

타임스 15
토큰화 209
투자 79, 122, 133, 134, 150, 181
투자 유망 상품 45
투자 효과 80
특별소비세 23

ㅍ

파레토 효율성 67
판매 200
편익(benefit) 71, 188, 189

평등성 65
프로세서 117
플랫폼 76
핀테크 산업 172

ㅎ

한계비용 197
한국 43, 139, 177, 193, 210, 211, 212
한국경제 54
현금흐름 13
호황 225
홍콩 171, 191
활용도 94
회사채 149, 176

기타

e-헬스케어서비스 188
EURIBOR(3M) 69
EURO-LIBOR(3M) 69
ICO 159
ICT 115, 223
IT의 플랫폼 183
KORIBOR(3M) 50
KOSDAQ 86, 100
KOSPI 72, 86
KOSPI 상장주식 회전율 85
OECD 36
P2P결제시스템 214, 218
P2P대출관련 플랫폼 173
SCM 73
T/Bill(6M) 156, 157
T/Bill(6M)금리 160, 161, 162
T/Bond(30년) 56, 157
T/Bond(30년)금리 162
T/Note(10년) 56, 156
T/Note(10년)금리 161
T/Note(5년)금리 160
U$ LIBOR(3M) 66

저자약력

김종권
성균관대학교 경제학사 졸업
서강대학교 경제학석사 졸업
서강대학교 경제학박사 졸업
대우경제연구소 경제금융연구본부 선임연구원 역임
LG투자증권 리서치센터 책임연구원 역임
한국보건산업진흥원 정책전략기획단 책임연구원 역임
전 산업자원부 로봇팀 로봇융합포럼 의료분과위원
전 한국경제학회 사무차장
전 한국국제경제학회 사무차장
현재 신한대학교 글로벌통상경영학과 부교수
      한국국제금융학회 이사

저서
재정학과 실무, 박영사, 2017.12
정보경제학과 4차 산업혁명, 박영사, 2018.9
금융재정학과 블록체인, 박영사, 2018.10
디지털경제의 재테크 트렌드, 박영사, 2019.7
백만장자가 되기 위한 재테크통계학, 박영사, 2019.8
초일류 부자는 호황을 이야기한다, 박영사, 2019.11

공적
의정부세무서장 표창장(2011.3.3)
국회 기획재정위원회 위원장 표창장(2018.5.3)
국회 산업통상자원중소벤처기업위원회 위원장 표창장(2019.9.3)

지금이 부자(富者)될 기회다 - 인공지능(AI) 트렌드의 재정 및 디지털금융

초판발행	2019년 11월 10일
지은이	김종권
펴낸이	안종만·안상준
편 집	전채린
기획/마케팅	손준호
표지디자인	조아라
제 작	우인도·고철민
펴낸곳	(주) 박영사
	서울특별시 종로구 새문안로3길 36, 1601
	등록 1959. 3. 11. 제300-1959-1호(倫)
전 화	02)733-6771
f a x	02)736-4818
e-mail	pys@pybook.co.kr
homepage	www.pybook.co.kr
ISBN	979-11-303-0867-8 93320

copyright©김종권, 2019, Printed in Korea

정 가   18,000원